はじめに

　ぼくが「星占い」の世界にはいって、かなり長い時間が流れました。占星術が好きな気持ちにあとおしされるままに、大学生のころから占星術の本場のイギリスにかよい、英語の本を読んだり、その関連のちょっとむずかしい学問を勉強したりするようにもなってしまっています。

　それでもなお、ぼくはときどき思いだすのです。「あなたは何座生まれなの？」とはじめて聞かれたときのことを。そして、ひとりひとりと、遠い夜空の星とをむすびつける、とてつもないほどロマンチックな考えかたがあることを知ったときのことを──。そのとき、ぼくはたぶん、この本を手にしてくれているあなたよりももっと小さかったと思います。でも、そのときのぼくの小さな心臓は、「自分の星座がある」という考えかたにふれてドキドキしてしまい、その「ドキドキ」は大人になってずいぶんたつ今でも、つづいているのです。

　この本は、そんな「ドキドキ」を伝えるためにつくられました。ちょっといやなことがあったとき、毎日がつまらないと思ったとき、どうかみなさんが上をむいて、星をみあげてくれるように。そして自分自身の星を、あなた自身をもう一度好きになってもらえるように。

　みなさんに星のめぐみがあるよう祈りながら、この本をおくりします。

鏡リュウジ

目次

第1章 12星座でみる あなた自身 ……… 5

ようこそ、星座の世界へ………………… 6

星座別の特徴

- おひつじ座のあなた（3/21～4/19生まれ）…… 8
- おうし座のあなた（4/20～5/20生まれ）……… 11
- ふたご座のあなた（5/21～6/21生まれ）……… 14
- かに座のあなた（6/22～7/22生まれ）………… 17
- しし座のあなた（7/23～8/22生まれ）………… 20
- おとめ座のあなた（8/23～9/22生まれ）……… 23
- てんびん座のあなた（9/23～10/23生まれ）…… 26
- さそり座のあなた（10/24～11/22生まれ）…… 29
- いて座のあなた（11/23～12/21生まれ）……… 32
- やぎ座のあなた（12/22～1/19生まれ）……… 35
- みずがめ座のあなた（1/20～2/18生まれ）…… 38
- うお座のあなた（2/19～3/20生まれ）………… 41

占星術を楽しむために……………………………44

第2章 守護星でみる みんなとの相性 ……… 45

12星座を支配する守護星………………………46

星座別の相性

- おひつじ座の相性…48
- おうし座の相性……51
- ふたご座の相性……54
- かに座の相性………57
- しし座の相性………60
- おとめ座の相性……63
- てんびん座の相性…66
- さそり座の相性……69
- いて座の相性………72
- やぎ座の相性………75
- みずがめ座の相性…78
- うお座の相性………81

占星術の歴史……………………………………84

第3章　占星術でみる あなたの生きかた ……… 85

- あなたの生きかたがわかる……………………………86
- 太陽ハウスの調べかた〈例〉……………………………87
- あなたの太陽ハウスを調べよう……………………88
- アセンダント早見表……………………………………90

星座別の生きかた
- おひつじ座の生きかた……………………………102
- おうし座の生きかた………………………………105
- ふたご座の生きかた………………………………108
- かに座の生きかた…………………………………111
- しし座の生きかた…………………………………114
- おとめ座の生きかた………………………………117
- てんびん座の生きかた……………………………120
- さそり座の生きかた………………………………123
- いて座の生きかた…………………………………126
- やぎ座の生きかた…………………………………129
- みずがめ座の生きかた……………………………132
- うお座の生きかた…………………………………135

- 運命と人生の転機……………………………………… 138
- 星座占いＱ＆Ａ　　　　　　　　　　　　　　　　140

- あとがき………………………………………………… 142

第1章

12星座でみるあなた自身

ようこそ、星座の世界へ

　夜空をいろどる美しい星たち。あわくまたたくロマンチックな星の光は、昔も今も人びとの心を動かしています。古来より西洋占星術の世界では、天上の星の動きと地上のできごとのあいだには、目にみえない神秘的なつながりがあるとして、天体や星座の位置から、人の性格や運命などが占われてきました。

　この本で紹介する「星座占い」もそのひとつです。星座をもとにあなたの本当の性格、友だちや恋人との相性、将来の生きかたなどを読みといていきます。

　ふだん、わたしたちが「自分の星座」として認識している「おひつじ座」や「おうし座」などの12の星座は、「誕生星座（太陽星座）」とよばれるものです。誕生星座は、ある人

が生まれたとき、地球からみて、太陽がどの星座に位置していたかを意味しています。たとえば、あなたが「おとめ座」の場合、あなたが生まれたとき、地球からみて、太陽がおとめ座の方向にあったことになります。

なぜ、太陽の位置が重要になるのでしょうか？

それは、太陽が自分自身を象徴する天体だからです。古くから神聖なものとしてあがめられていた太陽は、自分自身をつくりだすエネルギーにたとえられます。

星座占いでは、あなたの運命の秘密を知ることができます。しかし、すべての未来が運命によって決められているわけではありません。運命は、つねに自分の力によって切りひらかれていくものだからです。

	星座名	生まれた月日
♈	おひつじ座	3月21日〜 4月19日
♉	おうし座	4月20日〜 5月20日
♊	ふたご座	5月21日〜 6月21日
♋	かに座	6月22日〜 7月22日
♌	しし座	7月23日〜 8月22日
♍	おとめ座	8月23日〜 9月22日
♎	てんびん座	9月23日〜10月23日
♏	さそり座	10月24日〜11月22日
♐	いて座	11月23日〜12月21日
♑	やぎ座	12月22日〜 1月19日
♒	みずがめ座	1月20日〜 2月18日
♓	うお座	2月19日〜 3月20日

3/21～4/19生まれ
おひつじ座のあなた

★ **守護星**：火星
★ **守護神**：アテナ（ギリシャ神話で技術、学芸、戦いなどをつかさどる女神）
★ **ラッキーアイテム**：トウガラシ、カレー、鉄、ルビー、チューリップ、マーチ音楽、ペパーミント、ジンジャー（ショウガ）
★ **ラッキーカラー**：深紅
★ **ラッキーナンバー**：9、5
★ **ラッキーな方位**：東
★ **ラッキーな曜日**：火曜日

星座の物語

　秋の夜空にみられるおひつじ座。この星座は、3つの明るい星がむすばれてできている。その昔、黄金の羊の毛皮が天にひきあげられてできたものだという。
　ギリシャ神話によると、黄金の羊の毛皮は、コルキスという国にあり、昼も夜もねむらない火をはくドラゴンによってまもられていた。ほかの勇者たちとともに航海にでていた英雄イアソンが、さまざまな冒険のはてにコルキスに到着。みごとドラゴンをたおして、秘宝の毛皮を手にいれたという。
　何事にも果敢に立ちむかうファイティング・スピリットや、統率力、チャレンジ精神といったほこり高き英雄の魂が、この神話には集約されている。

性格と行動

英雄の話の多くは、住みなれた環境をとびだし、強い敵と戦って宝物を得るというもの。このプロセスは、わたしたちの心のなかでもおきている。古い自分と戦って打ちこわし、新しい自分をつくりあげようとする心の動きが、まさにそれ。

おひつじ座のあなたは、もしかしたら、いちはやく自我にめざめ、反抗期にはいったりしたのでは？　親のいいつけをまもらず、ふらふらとでかけては迷子になったり、自分はどこかの国のお姫さまなんだと想像したりしたことがあるんじゃないかな？　ほかの何者でもないかけがえのない自分をさがす旅。そんな冒険をしつづけるのが、おひつじ座なのかも。

愛情のかたち

愛を勝ちとるために燃えあがるおひつじ座。それはまるで、ギリシャ神話に登場する女戦士の部族、アマゾネスのよう。彼女らは、ふだん自分の部族のなかに男をいれず、必要なときだけ男をもとめて、狩りでもするかのように近くの村を襲撃していたという。

おひつじ座の愛はほこり高く、凛としていて美しい。恋をつかもうと燃えたつようすは、心のなかのアマゾネスがあなたをつき動かしているみたい。でも、ワイルドなだけでなく、相手の好みの服を無意識に身につけたり、挑発するような言葉を投げかけて気をひいたりすることも。短くはげしい恋になりがちで、相手をキズつけることもありそう。

本当のあなた

直観的に選んだ未来の可能性にすべてをかけようとするのがおひつじ座。熱中しているときは、寝るのも食べるのもわすれてしまい、知らず知らずのうちに疲れがたまっているから気をつけて。攻撃的なのもおひつじ座の特徴。うまくいくときは、どんどん障害に打ち勝っていけるけど、すぐ敵をつくってしまいがち。悪いのは人のせいだとして敵意をもって相手をみれば、当然、その相手からも敵意をもたれることに。

本当の敵は、弱い自分をみとめることへの恐怖感。それに気づけば大きな変化が。あなたの野心が何をもとめているのか意識して、孤独をわかちあえる人を大切に。自分の世界からでられなくなることもあるけど、キズつく自分も愛そう。

あなたのこれから

強さにみちあふれたおひつじ座だけど、心のなかには、深い孤独感がひそんでいるはず。ほかの人とちがうということを意識して、はじめて自分が本来あるべきすがたになれるもの。

おひつじ座の強さの秘密は、瞬発力と大胆さ。それから、自分がこの世界にいたいという強い願望。安定性のある仕事よりも、起業家やスポーツ選手など、きびしい競争のなかで生きなければならない仕事にむいていそう。

成功するいちばんのヒケツは、自分のポリシーにそって行動すること。退屈なことが最大の苦痛に思えるあなた。小さいグループでも、トップに立っていることが大事かも。

4/20〜5/20生まれ
おうし座のあなた

- ★ **守護星**：金星
- ★ **守護神**：アフロディーテ（ギリシャ神話で愛と美と豊穣の女神）
- ★ **ラッキーアイテム**：スペアミント、スミレ、ブドウ、アスパラガス、チーズ、エメラルド、銅
- ★ **ラッキーカラー**：グリーン、バラ色
- ★ **ラッキーナンバー**：6
- ★ **ラッキーな曜日**：金曜日

星座の物語

　冬の夜空で、オリオン座のとなりにかがやいているのがおうし座。そして、もっとも目立つ星がアルデバラン。バラ色の星で、「おうしの目」ともよばれている。

　この夜空のおうしが何者か、いくつかの説がある。有名な説がふたつあり、ひとつは白いおうしに変身したゼウス。フェニキアの美しい王女エウローパをゼウスが略奪したときに変身したのが白いおうしだったという。もうひとつの説は、嫉妬深い妻のヘラの目をごまかそうと、ゼウスが牛のすがたにかえさせたという恋人のイオ。ほかにも、牛の頭をもつ魔神ミノタウロスだとか、牛のすがたをとった海神ポセイドンだともいわれている。

性格と行動

おうし座は、大地の星座ともいわれている。大地が豊饒の力をもつには、その下で活気にみちたエネルギーがなければならない。おうし座の人も、一見、おだやかにみえながら、心のなかではふつふつとエネルギーがわきでていて、ガンコで負けずぎらいなところもある。そして、必要ならば、どんな相手にも立ちむかうパワーをもっている。おだやかで平和なイメージと、あらあらしいイメージの両面をもつのがこの星座。

おうし座の人は、赤ちゃんだった自分が母親と一体となっていた幸せな過去をいつまでもわすれられない。悪いかたちでひきずると、貪欲さや独占欲につながるから気をつけて。

愛情のかたち

おうし座の守護星である金星は、ギリシャ神話に登場する美や愛の女神アフロディーテとよばれていた星。アフロディーテとむすびついたおうし座は、愛にめぐまれた星座といえるのかも。

この星座の人は、肉体の魅力を好む傾向に。相手の肌や筋肉、体臭などを敏感に感じとり、知らず知らずのうちにひかれていきそう。もちろん、あなたにも、そういった魅力がそなわっているはず。

独占欲や嫉妬深さも、おうし座の特徴。大地のように堅実な愛、リアルでたしかな愛をもとめたがる気持ちから、恋をすると突然、強引さを発揮することもありそう。

本当のあなた

おうし座の性格は楽観的。ほかの人をすぐに信頼してしまう傾向に。その反面、なんでも貪欲にもとめてしまい、ほかの人に依存しがちになってしまうかも。

この星座の人のもつ価値観は、味覚や嗅覚のようなプリミティブな感覚が重要な位置をしめてきそう。お金に対しては、非常に浪費家になるタイプと、なんでもためこむタイプがある。でも、じつは、これは表裏一体。自分のなかで価値基準がゆらいでしまうと、お金やブランドといった外側にある価値をもとめがちになる。だから、あなたのなかで、何が大切で何が大切でないか、一度、きちんと考えてみることが大事。

あなたのこれから

おうし座の強さやおだやかさは、自然に時間をかけてはぐくまれるもの。いそがしい現代社会のなかでは、あなたの長所はいかされにくいかも。要領のいい人たちをしり目に、自分はなんてダメなんだと考えてしまうこともあるかも。

でも、けっして周囲にまどわされないで。自分の内側に流れているリズムにしたがって、自分の価値を大切にしよう。自分の感覚を信じて、心地よい空間や時間をつくっていっては？　自分を大事にすることが、周囲に人を集め、深いきずなをつくっていくことにもつながるはず。生まれながらのするどい感性をもつあなたの判断力が、今後の社会で役立てられることもありそう。

5/21～6/21 生まれ
ふたご座のあなた

★ **守護星**：水星
★ **守護神**：アポロ（ギリシャ神話で、光明、医術、音楽、予言をつかさどる神）
★ **ラッキーアイテム**：水銀、サル、オウム、宝石、ラベンダー、スズラン
★ **ラッキーカラー**：イエロー、水色、うぐいす色
★ **ラッキーナンバー**：5、3
★ **ラッキーな方位**：東北東
★ **ラッキーな曜日**：水曜日

星座の物語

　北半球では、冬の夜空にかがやくふたご座。青白い星とあわい黄色の星が目印。このふたつの星は、ギリシャ神話では、仲のよいふたごのカストルとポルックスといわれている。

　ふたりの母親は、スパルタという国の女王レダ。ところが、父親はちがっていた。カストルは人間の血をひき、いずれ死ぬべき運命だったが、ポルックスは神がみの王ゼウスの血をひき、不死の能力をもっていた。カストルが戦いで命を落としたとき、ポルックスは、神がみに自分の不死性を放棄して、カストルにわけあたえたいとねがいでる。この美しい兄弟愛に感動した神がみは、ふたりを天にあげ、それがふたご座になったという。

性格と行動

カストルとポルックスは、一方が死ぬべき運命にあり、もう一方が不死の力をもっている。このふたごの神話は、いずれ肉体とともにほろんでいく自分と、いつまでも不滅の魂をもつ自分が同時に存在するという矛盾を象徴している。もし、あなたが一度でも永遠のわかさをねがったことがあるとしたら、それは心のどこかで、自分の魂は死なないはずだと思っているからでは？

ふたご座の人は知性があり、研究や調査、翻訳などの分野で力を発揮するはず。でも、あきっぽくて、くるくるかわってしまう態度も、この星座の特徴といえるかも。

愛情のかたち

ふたご座は、興味をもった相手と言葉をかわすと、すぐに心をひかれ、恋へと発展してしまいがち。でも、そんなあなたの前には、いつもわかれ道がみえてしまっているのでは？　本当にこの人でいいのか、まよいはつきないはず。そうしているあいだにも、べつの相手があらわれたりしそう。

この星座は、いつも理想的な人を追いもとめがち。ただかわいがられるだけの関係や、相手がひどくあまえてきたりするような関係では、心がみたされることはなさそう。本当の意味でのコミュニケーションをもとめているのかも。あなたの自由をゆるしてくれて、しかも、知性のキラメキを感じられるような相手がきっといるはず。

本当のあなた

　自由に吹く風のように、この世にしばりつけられることのない永遠のわかさをもつのが、ふたご座。その名前のとおり、いつもふたつの可能性をもっているけど、人生を生きることはひとつを選び、ほかをすてることの連続。器用なだけに、決断を保留にして、いつも軽やかにとびまわっている。でも、やがては自分の意思で決断し、重い責任をひきうけることに。
　あなたの能力は、インターネット社会や情報社会のなかで大きく評価されるかも。物事の本質をみきわめる目をきたえることが課題だけど、柔軟性があって、適応力があるので、いろいろな環境を転てんとするほうが、あなたの能力にいっそうのみがきがかかるはず。

あなたのこれから

　軽くて調子のよい人にみられがちなふたご座だけど、心のなかでは、知性をもつ者ならではの矛盾や葛藤をかかえているはず。いろいろな情報や、さまざまな状況があなたの心をひきさいてしまうなんてこともあるかも。
　器用なあなたは、そのときどきに応じて、義理と人情を使いわけたり、理性と感情を使いわけたりできるはず。とはいえ、心のどこかで、本当の自分はいったいどっちなの？　なんて悩んでいそう。でも、そんないろいろな自分をまとめあげる力も、あなたにはきっとあるはず。心のなかをさらにほりさげて、自分の内面をみすえてみては？

6/22～7/22生まれ かに座のあなた

- ★ **守護星**：月
- ★ **守護神**：ヘルメス（ギリシャ神話で富と幸運の神）
- ★ **ラッキーアイテム**：真珠、ユリ、白バラ、銀、キッチン、キャベツ、レタス、アルバム、カモミール
- ★ **ラッキーカラー**：乳白色、銀、紫
- ★ **ラッキーナンバー**：2
- ★ **ラッキーな方位**：南

星座の物語

ししざのすぐとなりに位置するかに座。これといって明るい星がなく、ぼんやりと光っているけど、古くはとても重要な星座とされていたという。

今の7月ごろを1年のはじまりとしていた古代エジプトでは、かに座は年頭の星座。かに座のイメージをつうじて、霊魂がこの世に生まれてくるとされていた。中国では、かに座にあるプレセペ星団のことを「鬼宿」とよび、霊魂が出入りするとびらだと考えられていたという。

ギリシャ神話では、英雄ヘラクレスによってふみつぶされた化けがにが天にあげられ、かに座となっている。一説に、かに座は、古くは船としてもえがかれていたという。

性格と行動

ヘラクレスに化けがにをさしむけたのは、嫉妬深い女神ヘラ。英雄の足をはさもうとしたこのかには、過去の思い出や経験、記憶、保守的な力が新しいことをおこそうとする英雄への妨害を暗示している。

かに座の人は、やさしく情緒的で、人の心に敏感。家族や伝統を大切にする反面、何か新しいことをしようとするたびに不安にかられ、安全な方法を選びがち。それは自分のテリトリーをまもりながら、したしい仲間を保護したり、自分自身が安心してくつろげる場をつくろうとしたりする心のあらわれ。でも、じつは大切にしたがっているのは、親や家族などをこえた、より根源的な、魂のはじまりのような状態なのかも。

愛情のかたち

かに座の人の愛しかたは、母親役と娘役という、ふたつの極端なかたちにわかれがち。相手をいつまでも子どものようにかわいがるか、ぎゃくに相手の子どものようになって、いつまでもあまえつづけるか。

かに座の女性は、いつくしみ深く、かいがいしく世話をやくタイプ。その反面、相手をがっちりとしばりつけておく、深い感情的なエネルギーの持ち主でもある。自分からあきてしまうこともあるけど、そうでなければ、さまざまな手を使って、相手をひきとめようとする。束縛だけではない愛情をはぐくむためにも、自分らしい趣味をもつことが大切かも。

本当のあなた

その日のムードによって、気分は大きくかわりがち。それはまるで、海の干満に影響されながら生きる海辺の生き物みたい。くるくると変化する感情の動きは、あなたの生命力をあらわす重要なもの。抑圧されることなく、じょうずに表現していってほしい。

自分の過去や歴史を書きだしてみてもよいかも。あなた自身のなかで記憶の糸をつむいでいければ、しだいに心がゆたかになるはず。また、デリケートなタイプなので、ひとりになる空間を大切にしよう。心を落ちつけ、母親や家族を等身大にみつめなおせれば、勝手な期待やうらみごとにとらわれず、本当の意味でしたしい人を愛することができるはず。

あなたのこれから

家庭と社会のはざまや、過去と現在のはざまなど、複雑なはざまのなかで生きていきそう。自分がどうすればよいのか、いつもまよいや葛藤がつきないかも。

かに座はよく優柔不断だと思われがち。でも、それは、あなたがいろいろな方向に目をむけることができるから。まよいがあるということは、自由でもあるということ。もしかしたら、実際の旅は好きでないかもしれないけど、人生そのものを、いろいろな人に出会って好きなものを自分の船につみこんでいく旅だと思ってみては？　人生という旅のなかで、いろいろなものを自由に味わっていけるかも。

7/23〜8/22生まれ
しし座のあなた

★ 守護星：太陽
★ 守護神：ゼウス（ギリシャ神話の最高神）
★ ラッキーアイテム：メダル、ハチミツ、米、ネコ科の動物、オリーブ、ダイヤモンド、ヒマワリ、マリーゴールド、黄金、サフラン、ローレル
★ ラッキーカラー：黄金色、黄色、オレンジ
★ ラッキーナンバー：1
★ ラッキーな方位：南、南南西

星座の物語

春の季節によくみえるしし座。この星座がなりたつ前までは、大きな犬にみたてられたり、鎌にみたてられたりしていたこともあったという。

ギリシャ神話の世界では、この星座は英雄ヘラクレスと戦ったライオン（しし）だとされている。ヘラクレスは、最高神ゼウスの妻、ヘラに陰謀をくわだてられ、12の試練に立ちむかうことに。そのいちばん最初の試練が、ネメアの森にすむライオンを退治すること。ところが、ヘラクレスは、不死身とおそれられていたライオンを怪力でたおしてしまう。そのライオンは、ヘラクレス相手によく戦ったとたたえられ、天にあげられて、しし座になったのだという。

性格と行動

ヘラクレスは、たおしたライオンの体の皮をはいで身につけた。それは、ライオンと一体となることだった。英雄は、はげしいエネルギーや力強さ、何者にも打ち負かされない生命力を暗示したこの皮を身につけ、自分の存在を世界にしめした。しし座の行動のしかたは、このエピソードに象徴されている。

しし座の人は、人生というドラマのなかで自分の力を誇示し、自分の物語をより意味のあるものにしようとする。平凡な道よりもドラマチックなできごとを好み、つまらない勝利よりも劇的な敗北をもとめがち。自己顕示欲が強いのは、自分という存在を世界にしめしたいというねがいがあるから。それが創造性や才能、ゆたかな可能性の源になっているのかも。

愛情のかたち

しし座の愛は高貴なもの。まさに騎士と王女のロマンスのよう。恋はしし座の人生に欠かせないもので、まさに恋の力によって、日常がかがやきつづける。だから、恋はけっしてつまらないものであってはいけない。冒険にみちた恋、劇的な恋でなくてはならない。

ドラマチックなことを好むしし座。男性はこれでもかというほど自分の力を誇示しようとし、女性はいかに自分が愛されているかを存分にしめしてくれるよう相手にもとめる傾向が。いずれにしても、恋はしし座の人生に欠かせないエネルギー源となるはず。

本当のあなた

しし座が大切にしているもの。それは、自分のプライドと、人びとからの賞賛やプライドをささえるための表現力や創造性。

どうすれば、その人がその人らしくいられるのか。遺伝子や環境がすべてを決めているのか、あるいは、生まれる以前からその人の固有の魂があって、その魂が自分をそう生きさせているのだろうか。しし座は、いつだって自分らしくありたいとねがっている。でも、その自分らしさとは、遺伝子や環境のレベルでは説明しきれない神秘的なもの。たとえば、使命とか運命とかといったものにつながる、固有の魂のようなものかも。そして、その魂のさししめすとおりに生きていくことが、しし座の本当のねがいかも。

あなたのこれから

あなたのいきいきとした笑顔は、まわりの人びとにとっては、とても貴重。でも、気をつけたいのは、ときどき、あなたの価値観が周囲の人びとの価値観とはちがうものだってことをわすれてしまいそうになること。

今後、友だちや恋人、親といった、あなたのごくしたしい人に裏切られたり、さびしい思いをさせられたりすることがあったとしたら、それは自分が一人相撲をとっていただけなんてことも大いにありそう。

自信をもって生きることも大切だけど、客観的な視点をもって自分の立場をみつめてみることも、ときには必要。

8/23〜9/22生まれ
おとめ座のあなた

- ★ **守護星**：水星
- ★ **守護神**：デメテル（セレス／ギリシャ神話で穀物の豊穣をつかさどる女神）
- ★ **ラッキーアイテム**：アロマグッズ、サニタリー用品、ガーデニング、カルダモン、水銀、ニッケル、わすれな草、ペット、小さな動物、ニンジン、ポテト
- ★ **ラッキーカラー**：ダークグリーン、アースカラー
- ★ **ラッキーナンバー**：5
- ★ **ラッキーな方位**：西南西

星座の物語

伝説によれば、昔、神がみは地上の楽園で人間とともにくらしていた。けれども、人間が欲にかられて悪事をはたらくようになると、神がみは人間をみすてて、天上へさっていく。それでも最後まで人間を信じ、ひとり地上に残っていたのが正義の女神アストレイア。ところが、人間がたがいに争うようになると、ついにアストレイアも天に帰ってしまう。このアストレイアがおとめ座だといわれている。ちなみに、となりのてんびん座は、アストレイアが手にしているてんびんだという。

また、おとめ座の一等星スピカをたわわにみのった麦の穂にみたて、この星座を豊穣の女神デメテル（セレス）、あるいは、その娘のペルセフォネとみる神話もある。

性格と行動

潔癖主義で完璧主義なおとめ座。過去をふりかえったり、反省したりしがちなこの星座は、そのときどきの自分の役割をなんとかまっとうしようとする。それはまるで、芽をだす前の麦のようで、かたいカラにまもられながら、そのなかでしずかに成長をつづけている。

外の世界にでていって、自分の力を発揮したい。でも、その前にふりかえって、てんびんではかるように自分の力を分析してみると、まだまだ欠点が目についてしまう。外にむかってはなんでもないふりをしながら、心のなかでは自己反省や自己分析をくりかえしているのがおとめ座なのかも。

愛情のかたち

一見、男性が期待するような女性の役割をきちんと演じるのがおとめ座。男性のもとめるツボをちゃんとわきまえていて、男性からは理想的なパートナーにみえるかも。

でも、長い人生を考えたとき、この星座の人はどこか不満や不安を感じてしまうこともありそう。それはきっと、自分をもっと解放し、相手と深くまじわりたいという気持ちが心の底のどこかにあるから。

やっかいなことに、おとめ座の人は、自分のカラのなかに侵入しようとする相手に対して、おびえてしまいがち。人生は長いので、考えすぎず、ときには本能に身をまかせて流されてみるのもいいかも。

本当のあなた

「病は気から」という言葉があるように、心と体は不可分。たとえば、頭痛がするとか、手がかゆいとか、胸が苦しいとか、気になる症状があったら、その症状に注意深く、あなたの気持ちをむけてみては？

頭がしめつけられるような感じは、もしかしたら、あなたのせまい考えかたにあなた自身が苦しめられているというメッセージかもしれないし、胸が苦しいのは、胸のなかに不満がいっぱいたまっているからなのかも。

心にも体にもいいことをもとめようとするのがおとめ座。体をほぐしていくことが、心の健康にも効果的なのかも。

あなたのこれから

あなたは、かたい容器のなかでまもられながら、とろ火でじっくりと熱せられている。これから外にでていく準備ができつつあって、かんじんなのはその火かげん。炎が小さすぎれば、あなたの変化はとまってしまい、大きすぎれば、容器が爆発してしまう。

自分のなかでじっくりと熱をかかえこみ、変化をまとう。そして、いよいよ準備ができたとき、ゆっくりふたをあけてみよう。あせらない態度があなたを大人にしていくはず。

おとめ座は、こまかなことに気がつく反面、物事を大局からみることが苦手。でも、堅実な計算と経験によって裏うちされた視点がもてるようになれば、悩みは解消されるはず。

9/23〜10/23生まれ
てんびん座のあなた

- ★ **守護星**：金星
- ★ **守護神**：ヴァルカン（ヘーパイストス／ギリシャ神話の炎と鍛冶の神）
- ★ **ラッキーアイテム**：美しいインテリア、銅、サファイア、シリアル、イチゴ、ナシ、ミント、ジャスミン、バラ、フラワーアレンジメント、買い物、トカゲ、小さなハ虫類
- ★ **ラッキーカラー**：ピンク、ローズ、グリーン
- ★ **ラッキーナンバー**：6
- ★ **ラッキーな方位**：西

星座の物語

夜空にかがやくてんびん座。星座としてなりたつ以前は、さそり座が今よりもっと大きな星座で、そのさそりのつめの部分として、てんびん座がえがかれていたという。

伝説では、てんびん座は、正義の女神アストレイアのもっていたてんびんだという。昔、神がみは人間とともにくらしていたが、人間が悪事をはたらくようになると、みすてて天上へさっていった。最後まで人間を信じて、地上に残っていた神がアストレイアだった。けれども、人間がたがいに争うようになると、アストレイアもついに天にのぼってしまう。この女神のもっていた善悪をはかるためのてんびんが、てんびん座になったという。

性格と行動

てんびんは、片側だけでは機能しない。このことは、相手の存在を強くもとめることを暗示している。てんびん座は、人間がひとりで生きていけないことをよく知っている。そして、ほかの人間と自分とは考えることや感じかたがちがうことも知っている。でも、意識しすぎるためか、むやみに遠慮したり、やたらと相手と対等の立場に立とうとしたりする傾向も。

相手は自分のことをどう思うだろうか。でも、自分はこうしたい。相手と自分のあいだをいつもゆれているあなただけど、理性と客観性をもっているのも、この星座の特徴。物事を合理的に考え、情に流されず、どろどろとした感情をきらい、しっかりと自分のスタンスを決めていこうとするはず。

愛情のかたち

愛のない人生に価値はない。そう思っているのがてんびん座。この星座の人の愛は、エレガントで理念的なもの。美しい花のような、あるいは一流デザイナーがデザインした洋服のようなもの。理想的な恋愛や結婚をのぞみ、ケンカするときはケンカして、わかりあうまで話しあうことをのぞんでいるはず。

いざというときにはヒステリックになったり、人間関係の泥沼からにげだそうとしたりするけど、てんびん座のフェアな感覚が貴重になるときも。いっしょにいることよりも、たがいが自由に自分の世界をもつことを大切にするのもこの星座の特徴。

本当のあなた

あれがよいか、これがよいか、てんびん座の人は、自分で決断をくだすのがとても苦手。でも、それは、だれからもきらわれたくないという防衛本能のあらわれかも。

決断が苦手なてんびん座は、人づきあいがよく、おだやかな一面もあるけど、じつはその裏には、人に対して敵意をかくしているなんてことも。ほかの人の立場をつい考えてしまうあなたのやさしい心の背後には、あなた自身がまのあたりにすることさえもおそれている憎悪や敵意がひっそりとかくれているかも。人生のなかでは、いつか大事な選択をしなければいけないときがやってくるはず。でも、それ自体、あなたの心が成長をしているあかしなのかも。

あなたのこれから

てんびん座の人のような洗練されたものごしや、相手をおもんぱかる姿勢は、いつもみんなに歓迎されるはず。やんわりとじょうずにことわれることもプラスにはたらくし、センスのよさも、あなたの大きな味方になってくれるかも。

でも、それにも限界はある。ときにははっきりと、戦うことも辞さないつもりで、ノーといわなければいけないときがきてしまうもの。

ゆらゆらゆれるてんびんがぴたっととまるように、しっかりとしたバランスのポイントさえみつけられれば、あなたはもっと大きな力を発揮するはず。

10/24〜11/22生まれ
さそり座のあなた

- ★ **守護星**：冥王星
- ★ **守護神**：アレス（ギリシャ神話の軍神）
- ★ **ラッキーアイテム**：タマネギ、ニンニク、昆虫、遺跡、深紅の花、オパール、アロエ、ミステリー小説
- ★ **ラッキーカラー**：深紅、ワインレッド、黒
- ★ **ラッキーナンバー**：0
- ★ **ラッキーな方位**：西北西

星座の物語

　夏の夜空にみごとなS字をえがく大きな星座がさそり座。ギリシャ神話では、英雄オリオンを刺し殺したさそりが天にひきあげられて星座になったという。

　巨人で狩人のオリオンは、すぐれた勇者だったけど、自分の強さに慢心し、「地上でもっとも強いのはわたしだ」と口にしてしまう。ギリシャ神話の世界で、もっとも大きな罪は傲慢。大地の女神がこれに怒り、さそりをはなった。無敵だった英雄は、さそりのひと刺しによって死んでしまう。

　オリオン座は、さそり座が天にのぼってくると、かくれるように西の空へしずむが、これはオリオンがさそりをおそれてにげているからだという。

性格と行動

さそり座は変化の星座。さそり座の人は、なんでもギリギリのところまでやりつくし、味わいつくし、その結果、境界を突破して新しい状況にすすんでいこうとする。この星座の人がときにおそれられたりするのは、なんでも中途半端にはすませない誠実さと、それをなしえる力があるからかも。

さそり座の物語が暗示しているのは、死と再生。これは実際の死のことではなく、象徴的なもの。本当に自分がかわるためには、あるいは大きく成長をとげるためには、それまでの自分はいったん死ななければならない。命をかけるようなはげしい変化が、これからの人生のさまざまな局面であらわれるはず。

愛情のかたち

さそり座といえば、性的な力とか、嫉妬や、深い情念といったイメージをもたれることがある。そのためか、ときにはおそれられたり、損をしたりすることも。

でも、さそり座の人の行動に嫉妬や独占欲がともなってしまうのは、自分と相手を本当に深いところでむすびつけようとする力がはたらいているから。

相手とよい信頼関係さえきずくことができれば、どっしりとかまえて相手をうけいれられるはず。でも、それが裏切られたとわかったとき、さそり座は毒針を相手にむけることになるのかも。

本当のあなた

「ヤマアラシのジレンマ」という言葉がある。ヤマアラシとは、身をまもるためにたくさんの長いトゲをもつ動物で、2ひきのヤマアラシがだきあおうとすると、トゲがたがいをキズつけるので、近づくことができない。はなれていると安全だけど、それでは孤独の思いに苦しめられる、そういうジレンマ。

さそり座は、人一倍この苦しみを感じているはず。でも、それをのりこえたとき、大きな変化がまっている。それは、相手に対して強い影響力や支配力をもともとそなえていて、相手の心の奥底へはいりこむ力を本能的にもっているから。また、この星座の人は秘密も大事。本当に大切なものをひめておくことは、あなたの心をまもることにもなるはずだから。

あなたのこれから

さそり座のあなたは、中途半端なことでは自分の魂を満足させることができないはず。まつことやたえることによって最終的な満足が得られる運命をもっているので、安易な方向に流されることなく、自分の深い魂にしたがって行動しよう。

あなたには人の心の奥底にはいりこむ力があり、それが無意識に相手への支配力となって、強い影響をおよぼしている。使いかたをあやまると、黒魔術的な心理操作もできてしまうほど。中途半端なことがないあなただからこそ、自分のふるまいには注意して。必要以上に相手の領域にふみこまないように節度をもつことが大事。

11/23〜12/21 生まれ
いて座のあなた

- ★ **守護星**：木星
- ★ **守護神**：アルテミス（ギリシャ神話の狩猟の女神）
- ★ **ラッキーアイテム**：錫、馬、オットセイ、オリーブ、ブドウ、パスポート、哲学、天文学、サファイア
- ★ **ラッキーカラー**：スカイブルー、紫
- ★ **ラッキーナンバー**：3
- ★ **ラッキーな方位**：北北西

星座の物語

いて座は、全天の星座のなかでもっとも古い起源をもつといわれ、弓をひきしぼった男のすがたでえがかれる。

この射手は、上半身が人間で下半身が馬のすがたをしたケンタウロス族の長、ケイローンだという。ケンタウロス族は、神の血をひいて不死身だったが、ひどく野蛮だった。そんななか、ケイローンは大変賢明で、医術や天文学、音楽、教育術などにひいでていた。けれども、なおせぬキズをおってしまい、死ぬこともできず、ひたすら苦しむことになる。

永遠につづく苦しみからのがれるため、ケイローンは自分の不死の力を神がみにかえし、みずから死を選んで星座になったという。

性格と行動

射手の矢は、さそり座の心臓にあたる星アンタレスにむけられている。この矢が目標にむかってとんでいくようすは、いて座そのものを象徴している。さそり座をつきぬけ、物事の深層を知って大きくかわった魂は、それまでの束縛から解放され、遠い世界へ旅をはじめる。だから、いて座の人は、旅や自由を愛し、権威などにしばられることもない。

いて座の旅は、精神の旅になることも。実際の旅ではなく、宗教や哲学、思想にふれて、知性や心の世界を旅してまわる。明るく前むきで冒険性にみちているけど、この星座のもつ熱意や熱狂性には要注意。理想の世界にばかり生きてしまい、現実的な判断をうしなってしまうなんてことも。

愛情のかたち

いて座の人は、自由で何にも束縛されない愛をのぞんでいる。恋へのあこがれは強いけど、自分の生活が束縛されるようになってしまうと、とたんにつぎの恋へとむかってしまう。

たとえば、毎日、電話がかかってきたり、しつこくメールがきたりするようになると、うんざりしてにげだしたくなったりすることも。

自分より高いものへとあこがれをいだく。それがいて座の愛の特徴。自分が尊敬できる相手とむかいあったり、尊敬できることがらをめざしたりして自分を高めていくことができれば、かなり充実した日びがおくれるはず。

本当のあなた

　精神と肉体という深い二重性を強くひめているのが、いて座の特徴。人間の精神は、本来、不自由な肉体をこえているはずなのに、いつだって肉体という牢獄にとじこめられているように感じてしまう。でも、肉体をもっているからこそ、人は自然の美しさを感じることができ、五感をとおして楽しみを得られるもの。

　いて座の人は、矢がとぶように、ひとつの目的にむかって一直線にすすもうとし、ついせっかちになってしまう。けれども、目的にむかうまでのプロセスを、ひとつひとつゆったりと味わってみるのもいいかも。そうすれば、きっと人生がより充実したものになってくるはず。

あなたのこれから

　一見、おおらかで、のんびりしているようにもみえるいて座。でも、心のなかではあせりを感じ、生きている意味をひっしに追いもとめているのでは？　でも、あせればあせるほど、目的にとらわれればとらわれるほど、さがしているものはみつからない。なぜなら、そのさがしものは、きっとそこまでのプロセスなのだから。

　矢はつきささってしまえば動きをうしない、役割をおえてしまう。矢がいきいきとかがやくのは、空をまっしぐらにとぶときのすがた。だから、はやく到着することを目的とせず、自分をみがいていく過程を充実させるといいのかも。

12/22〜1/19生まれ
やぎ座のあなた

- **守護星**：土星
- **守護神**：ヘスティア（ギリシャ神話の炉の女神）
- **ラッキーアイテム**：ターコイズ、アンティーク、パンジー、アザミ、鉛、やぎ、考古学の研究、陸上競技、パスタ
- **ラッキーカラー**：ダークグリーン、ブラウン、黒
- **ラッキーナンバー**：4、9
- **ラッキーな方位**：北

星座の物語

　秋の夜空にうかぶやぎ座。この星座としてえがかれるやぎが奇妙なすがたをしていることは知っているかな？　上半身はふつうにやぎのすがただけど、下半身はなんと魚。魚でなくヘビという説もあるけど、ギリシャ神話にはこんな物語がある。

　昔、神がみがナイル川のほとりで、宴をもよおしていたとき、百の首をもつ怪物テュポンがあらわれた。神がみは思い思いのすがたに変身してにげ、ナイル川にとびこんだ。上半身が人間で下半身がやぎのすがたをしていた牧畜の神パーンも、川へとびこんで魚になろうとした。ところが、あわてて上半身がやぎで下半身が魚のすがたになってしまった。最高神ゼウスは、パーンを天にあげてやぎ座にしたという。

性格と行動

やぎ座の特徴はこつこつと努力をかさねることだとよくいわれるけど、それは一面だけのこと。努力家というイメージは、岩山をこつこつとのぼるやぎからきている。

でも、もともとのパーンのすがたは、人間とやぎが合体したもの。内側に、おさえきれない野生の力と破壊的なエネルギーをもっている。うずまくエネルギーをひっしにおさえ、しっかり生きていこうとするせめぎあいこそが、この星座の本質。また、やぎ座の下半分の魚やヘビのすがたも、ひめた力を暗示している。それは無意識的にその人をつき動かす、本能と直結したエネルギーなのかも。

愛情のかたち

やぎ座の女性は、でしゃばることはなくても、凛として自分の存在をゆずらない。かげにいながら、相手をしっかり手のひらでころがしているといったイメージがある。

ただ社会的な地位へのあこがれが強いので、自分の夢が実現できないようなときは、パートナーをつうじて自分の思いをかなえようとする傾向もでてきそう。それは内助の功というかたちであらわれるかもしれないし、年下の男の子を育てあげるといったかたちであらわれることも。

どちらにしても、自分の中心にあかあかと燃える火を、いかに相手にうつしてふたつの炎とするか、その方法を考えることが何よりも大切になりそう。

本当のあなた

ふだんは現実をみすえて生きようとするあなただけど、心のなかには、パーンをよびさますようなあらあらしい側面がかくされている。その側面がまちがったかたちであらわれると、悪魔的にもなりうるので要注意。

ときにやぎ座は、冷徹なほど現実感覚をみせることも。目的のためには手段を選ばず、いちばん合理的な手段をとったつもりが、あとからふりかえると、自分でもおどろくほど残酷なことをしていたと思うようなこともあるのでは？ つい自分の弱い面から目をそむけがちだけど、足かせをはずして自分の生命力を解放し、人生をいきいきと楽しむといった、そんな野性の力に身をまかせてみるのもよいのかも。

あなたのこれから

どんなに活発に行動していても、心の奥では「社会ではこんなふうに生きなければいけない」といった意識が、つねにあなたにブレーキをかけているはず。

すぐに結果のでないものにばかり熱中しがちなだけに、現代的な軽い世の中ではうけいれられず、道にまよってしまったりすることも。

でも、その価値が本物なら、きっと最後には評価されるはず。あなたが好きなものややりたいことを、時間をかけて追求してみては？ それは、あなたの人生のなかで、かならずかけがえのない財産になっていくはず。

1/20〜2/18生まれ みずがめ座のあなた

★ **守護星**：天王星
★ **守護神**：ヘラ（ジュノー／ギリシャ神話のゼウスの妻で、最高位の女神）
★ **ラッキーアイテム**：チリ、ペッパー、アクアマリン、電化製品、パソコン、渡り鳥、ドライフルーツ、ラン
★ **ラッキーカラー**：エレクトリック・ブルー
★ **ラッキーナンバー**：4
★ **ラッキーな方位**：東南東

星座の物語

秋の夜空にかかるみずがめ座。暗くてみつけるのは大変だけど、やぎ座の北東のあたりをさがしてみると、そのすがたがうかびあがってくる。

ギリシャ神話では、最高神ゼウスにみそめられて、天空にひきあげられた美少年のガニュメデスが、この星座のモデルだといわれている。

ガニュメデスは、トロイアの王子で、全身が金色にかがやくといわれるほどの美少年。ゼウスは、不老不死になるという神の酒、ネクタルのおしゃくをする役目を、地上にいたこの美少年におわせることにした。ゼウスは、ワシに変身すると地上にまいおり、ガニュメデスをつかまえて天にあげた。

性格と行動

天にひきあげられた孤高の美少年というイメージは、みずがめ座にぴったり。この星座の人は個性的だなんていわれるけど、それは天空の美少年がそうであるように、高みから物事をみられる、きわめて高度な客観性をもっているから。

グループや仲間意識というのも、あなたのなかでは大きな位置をしめているはず。「わたしとあなた」ではなく、「わたしとみんな」という意識こそ、みずがめ座をユニークな存在にしている。その視点でかかげる高い理想は、現実のなかではなかなか実現できなさそう。だからこそ、世の中に完全に身をゆだねられず、どこかひいてみてしまう傾向にあるのかも。

愛情のかたち

みずがめ座の人は、束縛されるのがきらいだといわれるけど、その反面、意外にも嫉妬深いところもある。

本当は、対等な関係性をむすぶことだったり、相手とたがいに意見をいいあうような関係になったりすることが、みずがめ座のもっている愛の理想形なのかも。だから、少しくらい個性がぶつかりあっているほうが、あなたにとっては幸せなはず。

この星座の人は、気持ちしだいで、ふらふらとしてしまいがち。しっかり相手とかかわりたいという気持ちと、何者からも自由でありたいという気持ちをあわせもつという錯綜した心理が、あなたの愛のかたちなのかも。

本当のあなた

中世ヨーロッパの伝説に、こんな話がある。ある神学者のもとに、全身が黄金色にかがやく美しい少年がたずねてきた。しばらく会話をかわしたあと、神学者は少年に上着をあげようとした。すると、少年はそれを拒否して、こういった。「そんなことをしたら、王様じゃなくなってしまうもの」と。

この話でわかるのは、少年は、この世にまみれていないからこそ、自分は王になりえている、と感じていること。この少年は、みずがめ座の人の心にも住んでいて、何かあると、「この世界は本当の自分の世界でなく、きみがやるべきことはべつにあるのだ」と語ってくる。わがままで高慢なこの少年とどうつきあっていくべきか、考えつづける必要があるかも。

あなたのこれから

みずがめ座の人は、ほかの人とおなじようにしたいとか、ほかの人と肩をならべたいなどと思いながらも、そのなかから一歩でもぬきんでたいという気持ちをつねにもっている。そして、この矛盾するふたつの気持ちに、強い葛藤を感じているはず。

気持ちのバランスがくずれると、自分の考えにこだわったエキセントリックすぎる人になってしまうか、その場の空気ばかりを読むつまらない人になってしまうこともあるので要注意。また、自分の感情に気がつかないこともよくあるので、自分の心にむかって、「今イライラしてる？」とか「あなたの本当の気持ちは？」などと質問してみることも大事かも。

2/19～3/20生まれ
うお座のあなた

- ★ **守護星**：海王星
- ★ **守護神**：ポセイドン（ギリシャ神話の海の神）
- ★ **ラッキーアイテム**：アクアマリン、海の生き物、メロン、キュウリ、魚、パンジー、ライム、水晶、タロットカード
- ★ **ラッキーカラー**：ブルー、マリンブルー
- ★ **ラッキーナンバー**：7
- ★ **ラッキーな方位**：東南東

星座の物語

あまり目立たず、夜空にさがすのもちょっと苦労するうお座。2ひきの魚からなるこの星座は、愛と美の女神アフロディーテと、その息子のエロースが変身したすがただという。

ギリシャ神話によると、神がみがナイル川のほとりで宴をひらいていたとき、百の首をもつ恐ろしい怪物テュポンがあらわれた。神がみは、思い思いのすがたに変身して、水のなかへとびこんだ。アフロディーテとエロースはともに魚に変身し、ふたりがはぐれないよう、自分たちの尾をリボンでむすびつけた。これがうお座になったという。

このふたりをつなぐ愛のきずなへの衝動こそが、うお座のシンボルとなっている。

性格と行動

うお座の人が理想とする行動は、自分の意思で何かをなそうとするよりも、自分を最終的にすてさってしまうところにあるみたい。そんなうお座の理想的なすがたは、まさに「人類愛」とよぶべきもの。

でも、現実には、そううまくはいかないもの。むしろ、自分を放棄するあまり、自分と他人の区別があいまいになってしまうことも。相手の気持ちがよくわかる反面、自分の気持ちを相手におしつけたり、客観的な判断力をうしなったりすることも。そればかりか、自分をすてることが、ぎゃくに相手に残酷な思いをさせてしまうこともありそう。

愛情のかたち

愛の女神がすがたをかえたのが、このうお座。深い愛の心がみちているはず。さびしがり屋で、いつも恋をしていないと気がすまない。うお座にとって人を愛することは、生きるための原動力であり、人生を前にすすめていくために不可欠なもの。

恋をすると、ほかのことがまったくといっていいほど、目にはいらなくなる。はたからみてもはずかしくなるほど、相手に接近する姿勢をみせる。それが相手にとっては、小悪魔的なものにうつってしまうかも。いつもだれかとつながっていたいと感じているあなたは、すぐに恋に落ちて、前のことをわすれがち。でも、そのたびに相手やあなた自身をキズつけてしまうなんてことも。

本当のあなた

　心やさしいうお座は、人の痛みを自分の痛みとして感じられるけど、それがマイナスにはたらくことも。アフロディーテとエロースがリボンをむすびつけたように、相手をみうしなうまいとするやさしさは、同時に、相手を束縛することへとかわってしまう。相手のつらい気持ちをわかちあおうとすることで、相手を手ばなさないようにしているのでは？

　相手に依存しすぎる関係はよくないこと。やさしい心にひめられたこの暴力性は、無自覚なのでとてもやっかい。距離感をもって相手と接することと、自分のことは自分で責任をとること。この2点を学んでいく必要がありそう。

あなたのこれから

　夢の世界や、ロマンチックな世界をいつも夢みているあなた。ただの夢想家でおわってしまうか、あるいは、ゆたかな感受性をいかしたいい人生をおくれるかは、現実をしっかりとみすえるクールな視点をもっているかどうかにかかってきそう。

　こうした視点がなければ、あなたの生活はどんどんルーズなものになり、エキセントリックな人生を歩むことになっていきそう。朝起きて、ちゃんと食事をとる。お金の管理をしっかりする。ひとりでできることはひとりでする。これだけのことで、生活はずいぶんとかわるはず。また、夢日記をつけるのもいいかも。感受性をのばし、それをかたちにするための効果的な方法なので、ためしてみては？

占星術を楽しむために

「好きな人との相性がイマイチでガッカリ！」
「あの人って、○○座だから本当はこんな性格？」

気にしないようにしようと思っていても、やっぱり気になる占い結果。でも、占星術があなたの運命をつかさどっているわけではありません。結果にふりまわされず、楽しく占星術とつきあう方法を教えましょう。

❶ 未来を予言するものではないよ！

占星術が教えるのは未来へのヒントです。未来はあらかじめ決まっているものではありません。

❷ 人を決めつけないようにしよう！

占星術は人の内面をあらわすことがあります。でも、「この人はこうだ」と決めつけるのはやめましょう。星や星座が人を支配しているわけではないのです。

❸ 未来に夢をもとう！

もともと星は希望の象徴です。占いの結果で自分の可能性をあきらめることなく、未来に夢をもとう。

❹ 科学とはちがうよ！

占星術は科学ではありません。現代の科学とは矛盾することがあります。

第2章
守護星でみる みんなとの相性

12星座を支配する守護星

12星座には、それぞれの星座と特別に関係が深いとされている太陽や火星、金星などの天体があります。これらは「守護星」または「支配星」とよばれ、人の心のなかにあるひめられた衝動をあらわしています。

下の図から、あなた自身と気になる相手の守護星を調べてみましょう。右のページの「ふたりの星座の相性」では、あなたの星座と相手の星座との相性を占うことができます。よりくわしい相性については、48ページからはじまる星座の守護星にもとづく相性を読んでください。きっと、気になる相手とのつきあいかたのヒントがみつかるはずです。

12星座と守護星

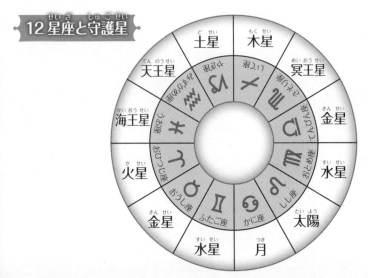

ふたりの星座の相性

あなたの星座 / 相手の星座

相手の星座＼あなたの星座	おひつじ座 ♈	おうし座 ♉	ふたご座 ♊	かに座 ♋	しし座 ♌	おとめ座 ♍	てんびん座 ♎	さそり座 ♏	いて座 ♐	やぎ座 ♑	みずがめ座 ♒	うお座 ♓
おひつじ座 ♈	♢	♣	♣	♠	♡	♠	★	♠	♡	♠	♢	♣
おうし座 ♉	♣	♢	♣	♢	♠	♡	♠	★	♠	♡	♠	♢
ふたご座 ♊	♣	♣	♢	♣	♢	♠	♡	♠	★	♠	♡	♠
かに座 ♋	♠	♢	♣	♢	♣	♢	♠	♡	♠	★	♠	♡
しし座 ♌	♡	♠	♢	♣	♢	♣	♢	♠	♡	♠	★	♠
おとめ座 ♍	♠	♡	♠	♢	♣	♢	♣	♢	♠	♡	♠	★
てんびん座 ♎	★	♠	♡	♠	♢	♣	♢	♣	♢	♠	♡	♠
さそり座 ♏	♠	★	♠	♡	♠	♢	♣	♢	♣	♢	♠	♡
いて座 ♐	♡	♠	★	♠	♡	♠	♢	♣	♢	♣	♢	♠
やぎ座 ♑	♠	♡	♠	★	♠	♡	♠	♢	♣	♢	♣	♢
みずがめ座 ♒	♢	♠	♡	♠	★	♠	♡	♠	♢	♣	♢	♣
うお座 ♓	♣	♢	♠	♡	♠	★	♠	♡	♠	♢	♣	♢

♡ いっしょにいてスムーズにもりあがれる関係
◇ 知的に刺激しあえる関係
♣ たがいの価値観のちがいが刺激に
♠ 性格のちがいを理解しあう努力を
★ タイプはちがうのに、ふしぎとひかれあう関係

おひつじ座の相性

3/21〜4/19生まれ 〈火星〉

相手が火星（おひつじ座）

ケンカするほど仲がいい。とても気があうけど、いったんぶつかりあうと、はげしいケンカに。でも、それでオーケー。どちらかががまんするようになると、かえって危険。恋人という関係なら、適度にぶつかりあうのが、かえってスパイスになるはず。

相手が金星（おうし座）

あなたにとって、おうし座は魅力的。いっしょにいるとほっこりすることも多いけど、行動のペースがあまりにちがって、イライラさせられることも。もっとゆっくりしたペースでつきあえるようになると、たがいに楽しくやれて、深い関係にもなれそう。

相手が水星（ふたご座）

ふたご座の知的なところは刺激的に感じられるし、好奇心旺盛でフットワークが軽いところは、みていて心地よいはず。でも、特有の軽さやかわり身のはやさを理解しておかないと、裏切られた気分になることも。つめたいところもあるので、おぼえておいて。

相手が月（かに座）

あなたにとって、かに座はやっかい。神経がこまやかで魅力的だけど、めんどうくさいと思ってしまうことも。とくに同性の場合、ぶつかりあうとヒステリックなケンカに。じょうずにつきあえば、日ごろ、テンションの高いあなたをいやしてくれる存在に。

相手が太陽（しし座）

ホットな星座同士で、たがいにエネルギーをあたえあう関係。でも、ぶつかりあうと、かなりのやりあいになることも。どこかでゆずることができれば、人生のよろこびをわかちあえるよきパートナーになりそう。かくしごとをしないで、ぶつかっていこう。

相手が水星（おとめ座）

あなたにとって、デリケートなおとめ座は、ちょっとつきあいづらいかも。あなたの言葉を聞いて、いじわるされたように思ったり、悲観的にとらえたりすることも。ときにはクールになって、相手のメッセージをしっかりとうけとめてあげることも必要。

相手が金星（てんびん座）

てんびん座のおだやかな力にふれると、気がそがれてしまいがち。でも、あなたにはない魅力を感じるはず。とくに相手が異性であれば、ひと目ぼれ状態になってしまう可能性も。性格がかなりちがうので、相手のことをいかにみとめられるかがカギ。

相手が冥王星（さそり座）

表面上、あまりぶつかりあうことはないけど、ふたりのあいだにあるギャップがかなり大きく、理解しあうには時間がかかりそう。とくにさそり座は、一度怒らせてしまったら、あとが長引くので、問題が発生したら、すぐに解決しておこう。

相手が木星（いて座）

いて座といっしょにいるだけで、あなたはどんどんポジティブになって、のびやかな気持ちになれそう。でも、それだけに誇大妄想的になる危険性があるかも。どこかで自制するようにしないと、あとではずかしい思いをすることになるかも。

相手が土星（やぎ座）

やぎ座とあなたは、価値観がかなりちがうので、理解しあうのがむずかしいかも。でも、あなたのいきすぎた面をやぎ座のパートナーがじょうずにセーブしてくれることもあるはず。じつに貴重な関係なので、たがいの長所を理解しあおう。

相手が天王星（みずがめ座）

個性的なみずがめ座と、自分のペースで生きるおひつじ座は、うまくひきあうはず。クールな相手に肩すかしをくらうこともあるけど、そのユニークな視点には、いつも感心させられそう。相手をリードしようとすると、とたんに反発されるので注意して。

相手が海王星（うお座）

うお座にとって、あなたは苦手な存在になるのかも。ふだんならはっきりものをいうあなたが、はかなげなうお座にはいえなかったり、ことわりたいのに、ことわれなかったりすることも。でも、やさしいうお座は、あなたがピンチのときに助けてくれるはず。

4/20〜5/20生まれ 〈金星〉
おうし座の相性

相手が火星（おひつじ座）

あなたが女性で、相手が男性なら、運命的にひかれるはず。でも、相手は気まぐれで、すぐにカッとなりやすいので、いつもハラハラ。おつきあいするなら、スリルまで楽しんでしまえる心の余裕をもとう。いやなことはいやとはっきりいうことも大事。

相手が金星（おうし座）

おうし座同士、価値観が似ているだけに、気心の知れた仲になれそう。でも、最初はたがいにバリアをはってしまいがちなので、あまりかしこまらないで、自分が楽しいと思っていることを話しあってみては？　自然と趣味のあうところがでてくるはず。

相手が水星（ふたご座）

相手は、あちこちかけまわる子ねこのようにつかみどころのない存在。いいかげんで、いやなやつに思えるかも。でも、自分にないものが相手にみえてくると、心ひかれてしまうことも。生活のテンポがちがうことを前提にしておかないと、息切れすることも。

相手が月（かに座）

ふたりは、ごく日常的なきっかけで、すぐに仲よくなれそう。ささいなうわさ話などでももりあがるはず。ただ、嫉妬しあうこともありそう。ほどほどの距離をあけ、たがいに独立心をもつことが、しっかりした関係をきずくことにつながるはず。

相手が太陽（しし座）

　いったんぶつかりあうと、なかなか大変。相手の話をよく聞いて、じょうずにほめてあげると、スムーズにいきそう。相手がもっている才能や創造性を、あなたがひきだしてかたちにすることも。相手の一瞬のひらめきを現実的にサポートしてあげられるかも。

相手が水星（おとめ座）

　おとめ座の人とは宿命的な縁をもつ可能性も。少しあつかいづらい相手かもしれないけど、あなたには相手の何かをひきだす力があるので、じっと話を聞いてあげるだけでもいいかも。いっしょにいることで、相手のなかに自信がめばえてくるはず。

相手が金星（てんびん座）

　気があうところもあるけど、だからこそ、びみょうなズレが気になってしまうことも。ふたりがつきあえば、あなたが相手のべつの面をひきだすことになりそう。似ているようでも、ちがうところがあるということをわすれさえしなければ、うまくいく相性。

相手が冥王星（さそり座）

　深い関係がきずけそうな相性。もし、いったんふたりの恋がはじまれば、もはやもとにはもどれなさそうな、愛憎や嫉妬のいりまじった関係になるかも。人生のうちでも、こんな関係はなかなかもてないもの。一度、ふみこんでみては？

相手が木星（いて座）

自由でいたい相手と、いつもだれかに愛されていたいあなたとは、びみょうなズレが。もし恋の関係になった場合、ときどき、ひとりにされているような不安をもつことも。自分に自信がもてるようになれば、もっとのびのびとした関係になるはず。

相手が土星（やぎ座）

ふしぎな縁でむすばれたふたり。相手といっしょにいると、どこかほっこりするはず。でも、相手の現実的な性格がケチにみえたり、あなたの楽しみがうばわれたりするような、そんな思いをすることも。ときには、しっかりと自分を管理しよう。

相手が天王星（みずがめ座）

現状を大事にするあなたと、今の自分をかえたい相手。ふたりともガンコで、大きな方向性のちがいがありそう。相手の自由さがうらやましく思えたりするけど、自分をかえる大きなヒントをもらえるかも。柔軟な態度で、いっしょにすごす時間を楽しもう。

相手が海王星（うお座）

とてもくつろげる相性。でも、ふたりとも誘惑に弱く、だらだらとしがちなので、いっしょにダメ人間になってしまう傾向が。どこかでビシッと自分をひきしめることも必要かも。また、音楽、ダンス、映画などに、ふたりでよろこびを感じることもできそう。

ふたご座の相性

5/21～6/21生まれ 〈水星〉

相手が火星（おひつじ座）

軽やかな動きをみせることは得意だけど、どこか頭で考えてしまい、何事も全力をだせないあなた。相手は、そんなあなたに新しいエネルギーをあたえ、冒険心をもたらしてくれるはず。バカにしないで、相手のひたむきさをみつめてみよう。

相手が金星（おうし座）

スローペースのおうし座は、スピーディーで器用なあなたとは、かなりちがいそう。退屈なほど、じっくりと物事にとりくんでいく相手の姿勢に、あなたはしびれをきらすかも。ときには時間を気にせず、ひとつのことをじっくり味わうことも必要かも。

相手が水星（ふたご座）

ふたりは共通の話題が多く、軽やかな会話を楽しめそう。わかれぎわもさらりとしていて、ときどき電話で話せれば十分な関係かも。相手がボーイフレンドなら、現代的なカップルになれそう。でも、ときには心の内にひめた深い話などをしてみては？

相手が月（かに座）

軽やかで、ひとつのところにとどまろうとしないあなたと、ウェットで自分だけの場所をみつけたがるかに座は正反対。相手はあなたの世話をやきたくなり、あなたは相手をどこかへつれだしたくなるかも。ときには、相手からやすらぎをあたえてもらおう。

相手が太陽（しし座）

いつも本音(ほんね)で話をするしし座は、あなたにとって、とても安心できる人。話題をもちかければ、相手ものってきそう。あなたのアイデアを相手がかたちにしてくれたり、あなたの考えを実行にうつしてくれたりする、そんな関係(かんけい)になるかも。

相手が水星（おとめ座）

広(ひろ)く浅(あさ)くおつきあいするあなたに対して、おとめ座はディテールにこだわるタイプ。あなたからみると、相手はこまかいことにこだわりすぎのようにも。あなたの自由さやウィットさに相手の計画性(けいかくせい)がくわわれば、よりたくさんのメリットがうけられるはず。

相手が金星（てんびん座）

あなたのいいたいことをすぐにわかってくれるのがこのてんびん座。いっしょにいれば、楽な気持ちでいられるし、スムーズにつきあっていけそう。てんびん座はかっこいいセンスの持ち主なので、それをぬすめることも、あなたにとって大きなメリット。

相手が冥王星(めいおうせい)（さそり座）

ふたりは特別(とくべつ)な関係(かんけい)になりそう。理解(りかい)しやすい相手ではないけど、うまくいけば、相手がかかえている深いものをひきだせそう。また、学べることも多そう。恋(こい)の方面では、徹底的(てっていてき)に愛(あい)しぬくさそり座の思いの深さに、あなたのほうは腰(こし)がひけるかも。

相手が木星（いて座）

いて座の人のおおらかさや奔放なところにあこがれて、運命的にひかれていくことも。ただ、なんでもほどほどにしたいあなたは、いて座のもつパワーを過剰に感じることもありそう。要領がよすぎるあなたは、相手から誠実さの意味を学びとるといいかも。

相手が土星（やぎ座）

やぎ座のどっしりとした落ちつきや保守的な傾向が苦手に感じられるかも。ひとつのことにじっくりと時間をかける姿勢はあなたには理解しがたいけど、まわり道をしないと身につかないことも。相手から、時間をかけて物事を完成させる大切さを学ぼう。

相手が天王星（みずがめ座）

好奇心旺盛なあなたには、みずがめ座のもつ発想のユニークさはあこがれの対象。人の意見に左右されがちなあなたにとっては、物事を冷静に、うたがいの目でみられる相手の知性に感銘をうけることも。かわったところもあるけど、お近づきになってみては？

相手が海王星（うお座）

クールに物事をみすえるあなたからすれば、うお座の現実ばなれのしかたは少し信じがたいかも。でも、人を無条件に信じるところなど、いい意味での単純さは、まったくべつの人生を教えてくれそう。恋人としてはあまえん坊なので、手をやくことも。

かに座の相性

6/22〜7/22生まれ 〈月〉

相手が火星（おひつじ座）

おひつじ座は怒りっぽく、チャレンジ精神旺盛。だから、あなたの心は、いつもハラハラさせられっぱなし。でも、さびしがり屋な相手は、あなたの面倒見のよさにほっとするかも。正面からぶつからず、そっとそばにいてあげると、うまくいきそう。

相手が水星（ふたご座）

ふたご座は、つぎつぎにいろんな情報をもってきたかと思うと、きのうときょうとで、いうことがまったくちがったりする。そんな相手に、あなたは大いにふりまわされてしまいそう。でも、クールにみすえるふたご座のものの見方からは、学ぶことも多いはず。

相手が金星（おうし座）

ちょっとしたことで、すぐ心配になってしまうあなた。堅実な生活をきずこうとするおうし座といると、心からくつろげそう。あなたがピンチのときも、こういう安定感のある人がいると、落ちつきをとりもどせるので、いい相談相手になってくれるはず。

相手が月（かに座）

価値観がよく似ていて、反応のしかたがそっくりなので、いっしょにいるとくつろげそう。たがいの気持ちがすぐに理解できるので、かゆいところに手がとどく感じ。でも、仲間意識が強いので、べったりしすぎることも。束縛しすぎないように気をつけて。

相手が太陽(しし座)

はじめのうちは、ふたりのプライドがぶつかりあって、うまくいかないかも。でも、あなたのほうが相手を立てれば、けんめいにかばってくれるようになるはず。相手が男性の場合は、そんな単純さが、あなたの目には子どもっぽくうつることも。

相手が水星(おとめ座)

繊細なおとめ座は、あなたをガサツにあつかうことはないはず。安心して相談できる相手になりそう。でも、ふたりとも批判やピンチに弱いので、いざというとき、そろって混乱してしまうことも。どこかずぶとく、おおらかになるように意識しよう。

相手が金星(てんびん座)

おしゃれでカッコよさをモットーとするてんびん座。あなたには、ちょっと苦手なタイプかも。でも、いっしょにいると、クールで客観的で、バランスのとれたものの見方を身につけることができそう。あなたの世界をぐんと広げてくれるはず。

相手が冥王星(さそり座)

ちょっとしたことで気持ちがぐらぐらとゆらいでしまうあなたの心を、ぐっと深いところでひきとめてくれる。それがさそり座。けっしてハデな印象の人ではないかもしれないけど、不安になりがちなあなたをしっかりとだきとめてくれそう。

相手が木星（いて座）

いて座は、心配性のあなたと正反対のタイプ。オープンで楽観的ないて座は、ちょっとまぶしい存在かも。ときには無神経に思えることもあるけど、悪い意図はなく、すなおだけだと思うようにすれば、ぐっと楽につきあうことができるはず。

相手が土星（やぎ座）

どこか子どもっぽいところがあるあなたと、きびしい大人の面をもったやぎ座。ふたりは、たがいにフォローしあえる関係になれそう。いっしょにいると、少し息苦しくなることもあるけど、相手のかたくるしさをおぎなってあげるといいかも。

相手が天王星（みずがめ座）

新しいものが好きで、個性的なみずがめ座。義理人情にあついあなたは、そんな相手に反感をいだくことも。でも、つねに自分らしさを表現できる相手から学ぶことは多いはず。みずがめ座がボーイフレンドになったら、ジェラシーはほどほどに。

相手が海王星（うお座）

デリケートなところや、自分のすなおな気持ちを大事にしたがるところは、ふたりともそっくり。でも、仲間内だけで物事を考えたがるあなたは、うお座の広い心にほっとしそう。ただトラブルがおこると、ケンカになるかも。一歩ひいて接することが大事。

7/23〜8/22生まれ 〈太陽〉
しし座の相性

相手が火星（おひつじ座）

ふたりは、たがいにパワーをあたえあい、元気を倍増させる仲。相手はいろんな刺激をあたえてくれて、あなたがそれをどんどん実行していくことになりそう。どちらも感情がはげしすぎるから、ケンカをはじめると、すぐにヒートアップするので注意して。

相手が金星（おうし座）

おうし座の怠惰なところや、自分の領域をまもろうとする傾向がものたりなく感じるかも。また、相手はガンコな一面もあるので、ぶつかりあうと修復がむずかしそう。人生のなかでのよろこびを大事にするふたり。おいしいものでも食べにいくといいかも。

相手が水星（ふたご座）

情報に敏感で、新しい刺激をもってきてくれるふたご座は、あなたにとって楽しい相手。ちょっと出不精なあなたの世界を広げるきっかけをつくってくれるはず。いろんなことを話したり、相談しあったりするのに最適な関係になりそう。

相手が月（かに座）

ドラマチックなことを好むあなたは、地味なかに座にイライラさせられがち。相手がちょっとのことで不安になったり、敏感になったりすることも、あなたの神経をさかなでしそう。でも、相手のこまやかな部分は、あなたの心をやわらげてくれるはず。

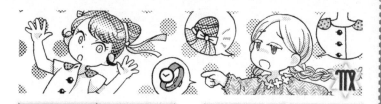

相手が太陽（しし座）

共通点が多いふたり。人生を楽しもうという姿勢や、何かにまっすぐとりくもうとする姿勢など、共感しあえることが多そう。でも、ふたりともプライドが高いので、ケンカをすると、仲直りはむずかしそう。どちらかが謙虚さをもちつづけることが大事。

相手が水星（おとめ座）

あなたはおおらかで、小さなことにはこだわらないけど、おとめ座はちょっとしたことでも心配するタイプ。相手からすると、何事にもオープンなあなたが危なげなものにみえるので、あれこれと口をはさんでくるけど、それはあなたへの愛情表現でもあるはず。

相手が金星（てんびん座）

人生を大いにもりあげたいあなたと、人生をエレガントに味わいたいてんびん座。いっしょにいれば、楽しいこともたくさん。何事にも熱中できない相手に不満も感じるけど、すぐ何かにはまってしまいそうなあなたにバランスをとりもどさせてくれる存在。

相手が冥王星（さそり座）

ひとすじなわではいかないさそり座に、あなたは苦手意識を感じるかも。でも、物事の深みをみる力や、じっくりと物事にとりくんでいくパワーをもつ相手から、学ぶことは多いはず。たがいに自分にはないものをくみとる努力をすれば、有効な関係に。

相手が木星（いて座）

あなたの気持ちを自由に、おおらかにさせてくれるいて座。楽天的で、何事にもビクビクしないおおらかさは、あなたの明るさをさらにアップさせるはず。ふたりでいるとこわいものなしといった感じで、恋も情熱的なものになりそうな予感。

相手が土星（やぎ座）

何事も悲観的に考えがちなやぎ座。大胆になんにでもチャレンジしたいあなたとは、ノリもテンポもあわなさそう。でも、つきあっていくうちに、相手の落ちつきや魅力がじわじわと伝わってくるかも。第一印象で判断しないで、長い目で関係を深めよう。

相手が天王星（みずがめ座）

クールで物事を客観的にみようとするみずがめ座。自分が特別な存在でありたいあなたとは正反対。「わたしだけ特別にしたしくして」というわがままも通用しないかも。でも、相手のユニークな発想は刺激的。相手の自由を束縛しないように注意して。

相手が海王星（うお座）

ふしぎとひきあうふたり。とにかく強がりなあなたに、うお座はすなおにあまえてきて、まんざらでもない気分。でも、恋となると、際限なくあまえてきたかと思えば、急につめたくなることもあって、あなたはハラハラ。ふりまわされないように気をつけて。

おとめ座の相性
8/23〜9/22生まれ 〈水星〉

相手が火星（おひつじ座）

ひかえめでこまかいことに気がつくあなた。勝ち気でパワフルなおひつじ座とは、緊張が走りがちで、イライラすることも多いはず。でも、自分を打ちだすことや、チャレンジする大切さを学べるかも。恋では、あなたがよきサポーターになれれば成功しそう。

相手が金星（おうし座）

おうし座は、あなたが心おだやかになれる相手。おうし座のおおらかさやおだやかさは、神経質なあなたにはヒーリング効果もあり、生活を楽しむすべも学べそう。カップルとしても気持ちがつうじる相手で、チャレンジ精神がくわわれば、さらにいい関係に。

相手が水星（ふたご座）

あなたにとって、ふたご座は調子がいいだけの人にみえるけど、相手からすれば、あなたはきまじめな人にみえているかも。でも、たがいに学ぶようにすれば、強力なパートナーに。カップルの場合は、相手のテンポにうまくついていくようにしよう。

相手が月（かに座）

かに座のやさしい心づかいは、ちょっとしたことで悩みがちなあなたの神経をやわらげてくれるはず。よき相談相手になってくれるし、人間関係の機微や思いやりの大切さを学べるかも。カップルとしてなら、思いやりあふれた関係になりそう。

相手が太陽（しし座）

デリケートなあなたは、パワフルなしし座がちょっと苦手。自信満まんの相手の前では萎縮しがちだけど、自分のアピールのしかたを学べそう。恋の面では、相手のリードにうまくあわせながら、あなたがうしろから手助けをしていくというのが理想的なかたち。

相手が水星（おとめ座）

どんなにちがってみえても、人生の価値観や方向性には共通するところがあるふたり。たがいのことをゆっくりみつめてみれば、理解しあえることも多いはず。意地をはらずに胸の内をオープンにしよう。カップルの場合は、せんさくしあわないように注意して。

相手が金星（てんびん座）

じょうずに人間関係をたちまわれて、要領がいいてんびん座。あなたには、それが何かズルをしているようにもみえるはず。でも、相手の社交的なところや人生の楽しみかたは吸収すべき。カップルなら、こまかいツッコミをいれずに気楽にいこう。

相手が冥王星（さそり座）

なかなか腹をわって、自分のことを話さないさそり座だけど、あなたには気持ちをオープンにしてくれそう。もし、何かに動揺することがあっても、相手がささえてくれるはず。カップルの場合、相手はあなたをかげからバックアップしてくれそう。

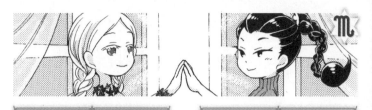

相手が木星（いて座）

大胆で、びっくりするようなことをつぎつぎとしでかすいて座。あなたは、疑問に思ったりすることもしばしばありそう。でも、いっしょにいると、あなたの行動の幅が広がり、勇気をもらえそう。カップルなら、相手の自由を束縛しないように注意して。

相手が土星（やぎ座）

ふたりとも、堅実な人生を歩んでいく傾向にあるので、むちゃな冒険はせず、安心できそう。あなたの綿密さに、やぎ座の展望性や計画性がくわわれば、大きなことも実現可能。カップルの場合は、あなたがじょうずにあまえるようにしてみては？

相手が天王星（みずがめ座）

みずがめ座の幅広い知識は、とても魅力的。相手のほうも、あなたの知性や感性に共感するはず。でも、みずがめ座はあれこれ干渉されると嫌気がさしてしまうので、適度な距離感を。カップルでも、ほどほどの距離をたもちつつ、愛をはぐくむのがポイント。

相手が海王星（うお座）

緻密でしっかり者のおとめ座と、いいかげんだけど直感力にすぐれたうお座。うまくパートナーになれれば、最強のコンビに。さがせば相手の欠点は山ほどでてくるので、よい面をひろいあげることが大切。カップルなら、じょうずにあまえさせてあげよう。

9/23～10/23生まれ 〈金星〉
てんびん座の相性

相手が火星（おひつじ座）

ふたりは正反対の性格だけど、それがかえっていい相性に。リーダーシップを発揮するおひつじ座は、あなたをじょうずにひっぱってくれるし、あれこれと悩みがちなあなたの背中をトンとおしてくれることも。ときにデリカシーに欠けるのが欠点。

相手が金星（おうし座）

あなたにとって、おうし座は、なんだかどろくさい人のように感じるかも。一方、相手からすると、あなたはちょっと気どった人のようにみえる可能性も。世の中には、いろんな楽しみかたがあるんだというふうに考えながら、つきあってみては？

相手が水星（ふたご座）

好奇心が強くても、いざとなると腰が重いあなた。ふたご座のフットワークの軽さは、あなたの世界を広げてくれそう。いっしょにいるだけで刺激をあたえてくれるふたご座は、尊敬できる存在。深い関係になるには勇気をだしてふみだすことが必要。

相手が月（かに座）

ちょっとしたことで大さわぎしてしまうかに座。あなたからみると、うっとうしく感じられることも。一方、相手からすると、あなたはつめたく非情な人間に思えてしまうかも。でも、かに座から、情のこまやかさや、したしみやすさを学べそう。

相手が太陽（しし座）

はなやかなふんいきをもって、つねに周囲に人が集まるしし座。社交マナーをわきまえるあなたとは、とてもいい関係に。ふたりは、なんとなく気があって、楽しい友情や恋を育てていけるはず。おおらかにかまえて、つきあっていくのがコツ。

相手が水星（おとめ座）

なんでも要領よくやっていけるあなたが、じつは手をぬいていたり、だらだらすごしていたりすることに、おとめ座はちゃんと気づいていそう。相手からの言葉を謙虚にうけいれられれば、自分をふりかえるきっかけになり、さらに大きく成長できるかも。

相手が金星（てんびん座）

ともに絶妙なバランス感覚をもち、じょうずに相手とつきあうコツを心得ているふたり。ゆっくりと友情や愛をきずいていけそう。でも、ふたりとも優柔不断で、自分からはなかなか行動しない。行動力を身につけられれば、さらに発展的な関係に。

相手が冥王星（さそり座）

あなたにとって、さそり座はちょっと苦手。それは、どこかでがっちりと足をつかまれ、自由をうばわれそうな不安を感じるから。でも、さそり座がもつ深くつきつめていく力は、あなたにも必要なもの。おそれず接していけば、強い味方になってくれそう。

相手が木星（いて座）

ともに人生を楽しくハッピーにさせる力をもつふたり。いっしょにいると、のびのびと自分を表現できるので、たくさん楽しいことをみつけて遊べそう。現実の世界をこえ、何かにチャレンジできるようになるかも。でも、まじめさも必要。

相手が土星（やぎ座）

あなたにとって、やぎ座は苦手なタイプかも。生活を楽しもうとするあなたに対して、相手は現実のきびしさをよく知っている。ストイックな相手の長所をうまくとりいれられれば、生活は堅実なものになって、楽しみがさらに大きくなるはず。

相手が天王星（みずがめ座）

個性ゆたかでユニークなみずがめ座といっしょにいると、ドキリとすることもたくさんあるけど、いろんな刺激をうけられるかも。人にあわせがちなあなたは、相手にセンスのよい部分をひきだしてもらえて、自分の生きかたをみがいていけそう。

相手が海王星（うお座）

とらえどころがなく、たよりなさそうにもみえるうお座。つきあってみると、独特のやさしさや感受性のゆたかさにおどろくかも。あなたのもつ公平さが、相手の好ききらいのはげしさを中和することも。最初の壁さえこえられれば、ユニークな関係になりそう。

10/24～11/22生まれ 〈冥王星〉
さそり座の相性

相手が火星（おひつじ座）

理解しあうまでに時間がかかりそうなふたり。あなたからすると、おひつじ座の考えかたはシンプルすぎるように思えるし、相手からすると、あなたはまどろっこしくみえるかも。相手からは、物事にまっすぐむきあうひたむきさを学べるかも。

相手が金星（おうし座）

ふたりとも、物事にじっくりかかわるタイプ。自分を楽にするためにはなんでもしようとするおうし座に対し、今はがまんしても自分の集中していることに徹底的にとりくもうとするあなた。相手からは、人生のよろこびのひきだしかたを学べるかも。

相手が水星（ふたご座）

あなたからみると、ふたご座はちょっと軽薄に思えるかもしれないけど、相手からみると、あなたはやっかいな人に思えるかも。でも、物事に対して強く好奇心をもっている点では、共通している。相手からは、つねに新しい知的な刺激がうけられそう。

相手が月（かに座）

かに座といると、あなたは、心の奥底にある不安にちゃんとむきあうことができそう。相手はあなたといると、強い安心感をおぼえるかも。深いつながりを感じるだけに、たがいがわかりすぎて、相手を客観的にみられなくなることも。ときには距離をとろう。

相手が太陽（しし座）

　最初は、たがいに反発しあうふたり。あなたは、しし座の明るさをうらやましく思いながらも、どこかで見くだしたりしそう。相手は、あなたを理解しにくいと感じているかも。相手からは、すなおですこやかな心でいることが、いかに大切かを学べそう。

相手が水星（おとめ座）

　あなたは、繊細なおとめ座のメッセージをよく聞きとることができるし、相手も、あなたの言葉にできない思いをちゃんとうけとれそう。心をひらくまでには時間がかかるかもしれないけど、一度、きずながができれば、深いパートナーシップがきずけるかも。

相手が金星（てんびん座）

　なかなか理解しあえないふたり。てんびん座は、人づきあいが何より大事で、打ちとけにくいあなたを心のどこかで敬遠しそう。一方、あなたは、相手を要領のいいヤツと思ってしまいがち。てんびん座の社交術を学べば、人生をよりゆたかにできるはず。

相手が冥王星（さそり座）

　ふたりとも、あふれる情熱とエネルギーの持ち主で、よくも悪くもはげしい関係に。手をたずさえることはなかなかむずかしいけど、覚悟をして一歩ふみこめたら、あなたの心の深さと思いの強さを正面からうけとめられる無二のパートナーになる可能性も。

相手が木星（いて座）

楽観的ないて座と、物事をシリアスに考えがちなあなた。相手には、あなたがなぜ物事にこだわりすぎるのか理解できないし、あなたには、相手が人生を単純にとらえすぎているようにも思えてしまう。でも、いっしょにいると、リラックスさせてくれるはず。

相手が土星（やぎ座）

人生にシリアスにむきあう姿勢、野心的なこと、表面的なものに流されないこと。それがふたりの共通点。ちがう点も多いけど、なんとなくわかりあえそう。やぎ座からは、現実的なところも学べるし、一歩一歩すすんでいける、よいパートナーになりそう。

相手が天王星（みずがめ座）

みずがめ座は　すごくガンコで自分の主張をまげないため、いったん衝突すると大変。あなたは、相手のユニークな考えかたや革新性をうけとめ、敬意をはらうべき。相手があなたの言葉の裏の意味までも思いやれるようになれば、最強のコンビに。

相手が海王星（うお座）

ともに目にみえない世界と深いつながりのあるふたり。テレパシーのように気持ちがつうじあう、深い関係になれるかも。いっしょにいると、相手は深い安心感をおぼえるし、あなたは心がなごむはず。けっして感情的にはならないように。

11/23～12/21生まれ 〈木星〉
いて座の相性

相手が火星（おひつじ座）

エネルギーあふれるおひつじ座をあなたが応援したり、あなたのビジョンをおひつじ座が先に立って実現したりするかも。いっしょにいると、ますます燃えあがるけど、現実的な問題がでると、どちらも対処できなさそう。地に足をつける感覚を大切に。

相手が金星（おうし座）

今、この場所を大切にするおうし座と、夢を大切にするあなたとでは、生きかたの方向性がまったくちがう。あなたは未来をみつめる視点を伝え、相手からは現実性を学ぶようにするといいかも。恋では、はなれたくてもはなれられない関係になりそう。

相手が水星（ふたご座）

たがいにスピーディーで行動力にあふれているけど、興味のもちかたなどにびみょうなズレが。でも、そこがたがいをひきつけあう要素に。いろんな話題をとおして意見をかわすうち、ふたりの距離はぐっと近くなるはず。さわやかで知的な関係をめざそう。

相手が月（かに座）

たがいの態度や言葉にギャップがありそう。かに座がしてくれたことが、あなたにはベタベタしすぎるように感じたり、あなたがしたしげに話しかけた言葉が、相手にはストレートすぎたりすることも。悩んでいるときは、相手の繊細さが助けになるはず。

相手が太陽（しし座）

しし座といっしょにいると、ふしぎと安定感や自信がでてきそう。相手もあなたといっしょにいると、開放的な気持ちになれるはず。とくにふたりがいっしょに熱中することがあれば、最高のコンビに。恋愛では、情熱的で深い関係になるかも。

相手が水星（おとめ座）

こまかいことを気にするおとめ座には、あなたはガサツにみえるかも。一方、あなたには、相手がなぜそんなことにこだわるのか、理解に苦しむことも。あなたはおおらかに物事を考える力をあたえることができるし、相手からはこまやかさを学べるはず。

相手が金星（てんびん座）

「人生を楽しもう」という姿勢がふたりの共通点。てんびん座はエレガントで文化的な生活を好み、あなたはアウトドアや行動的なレジャーを好むけど、いろんな遊びをとおして、いい関係になれそう。恋では、相手の優柔不断さをゆるせれば、ステキな関係に。

相手が冥王星（さそり座）

さそり座は、あなたからすると、ちょっと苦手なタイプ。いっしょにいると、あなたの自由で開放的な気持ちを、相手がじわじわと責めてくるように感じてしまうことも。でも、物事の深みをきちんとみる力はあなたにはないものなので、学ぶことも多いはず。

相手が木星（いて座）

似たところが多く、楽しい関係になれそう。楽観的な者同士、いっしょにいると悩みも吹きとんでしまうかも。でも、たがいに自分の自由を大切にするため、急に接近したかと思うと、急にはなれたりすることも。腰をすえて、じっくりとつきあおう。

相手が土星（やぎ座）

ライバル同士のふたり。あなたには、やることすべてにブレーキをかけられているように感じるかも。でも、やぎ座のおかげで、やりたいことが着実にかたちになることも。シーソーゲームのなかでこそ、新しいものが生まれてくると思えば、いい関係に。

相手が天王星（みずがめ座）

性格的にも共通点が多く、あえばすぐに打ちとけそう。でも、みずがめ座は、少しあまのじゃくな一面もあって、「でも……」などという言葉を使いがち。相手のオーソドックスな感受性とユニークな個性。その両方をうけいれられれば、みのりゆたかな関係に。

相手が海王星（うお座）

みえないものを大切にするふたりだけど、あなたは、うお座に見くだされたりしているようにも思えて、イライラすることも。そんなときのあなたの対応を、相手はつめたいと感じるかも。少しやさしくしてあげると、関係はいっきに深まりそう。

やぎ座の相性

12/22〜1/19生まれ〈土星〉

相手が火星（おひつじ座）

ふたりの性格は正反対。あなたからみると、おひつじ座は勇み足ばかりで、ろくに現実をみないで行動しているように思えるし、相手からは、あなたが悲観的すぎるようにみえるかも。相手の勇気やファイティング・スピリットを学べたら、鬼に金棒。

相手が金星（おうし座）

ふたりともねばり強く、あせらずに物事にかかわっていくタイプで、行動のリズムはぴったり。つい悲観的なことばかり考えがちなあなたを、おうし座はあたたかくみまもってくれそう。人生を楽しむ相手は、きっとあなたをリラックスさせてくれるはず。

相手が水星（ふたご座）

スピーディーなふたご座からすると、あなたはのんびりしすぎにみえるかも。自分の考えを伝える前に、相手が動いてしまいそう。ふたご座の器用さや要領のよさがあなたの助けになったり、あなた自身がそのよさを学んだりできれば、すばらしいコンビに。

相手が月（かに座）

まったくちがう性格だからこそひきあう関係。情緒ゆたかなかに座は、ガンコなあなたの心をときほぐし、あなたは、ちょっとしたことで心がゆらぎがちな相手に、安心感をあたえてあげられそう。いっしょにいるほど、たがいのよさがわかってくるはず。

相手が太陽（しし座）

人生を明るく謳歌しようとするしし座に対し、あなたは自分の価値観に忠実に、じっくりと人生をきずこうとするタイプ。相手は「名」をとり、あなたは「実」をとる。相手が「動」であれば、あなたは「静」。たがいのちがいをよくみきわめて交際しよう。

相手が水星（おとめ座）

ふたりとも、物事の細部までしっかりつめて、じっくりとりくむタイプ。ともに理想だけでは動かず、計算してから行動するので、相手の気持ちもよく理解できるはず。おもしろみに欠けるところもあるので、いっしょに大胆なことに挑戦してみては？

相手が金星（てんびん座）

人生は楽しむべきものだと考えるてんびん座と、人生を楽しむにははたらかねばならないと考えるあなた。チャラチャラしすぎな相手と、自分から苦労を背おいこむあなたは、うまくいかなさそう。でも、いっしょにいると、人間関係の対処法を学べるかも。

相手が冥王星（さそり座）

現実を大切にするあなたと、その現実を深いところからささえようとするさそり座。ふたりともガードがかたく、なかなか心をひらかないけど、いったん仲よくなると無敵のコンビに。ピンチのときほどささえあい、不屈の精神でむかっていくことになりそう。

相手が木星（いて座）

　明るく楽天的ないて座と、悲観的なあなた。そりがあわなさそうだけど、あなたが落ちこんだとき、相手は貴重な光になってくれるはず。みょうなひがみ根性はすて、気楽にかまえて相手の明るさにふれてみれば、あなたも楽しくすごせるようになるはず。

相手が土星（やぎ座）

　はじめは、たがいにとっつきにくいふたり。心をゆるしあうまでには時間がかかりそう。でも、いったん仲よくなれば、一生つきあえるような関係に。ただ、ともに裏切りはゆるさないタイプ。自分がされていやなことは、相手にもしないことが絶対条件。

相手が天王星（みずがめ座）

　保守的なあなたと革新的なみずがめ座とのあいだには、いつも緊張感が走りそう。しかも、ふたりともガンコなので、ぶつかりあうと本当にやっかい。相手のいうことをよく聞けば、おもしろいことはいくらでもあるから、ここはあなたが柔軟になってみては？

相手が海王星（うお座）

　ともにしっとりとした情感をひめたふたり。ロマンチックで夢みがちなうお座と、現実的なあなたとでは性格がちがうけど、すんなり仲よくなれそう。自分に対して過酷になりがちなあなたは、うお座のデリケートな接しかたに、このうえないやすらぎを感じそう。

1/20～2/18生まれ 〈天王星〉
みずがめ座の相性

相手が火星（おひつじ座）

強烈なパワーをもつおひつじ座と、アクティブなみずがめ座。共通点が多いふたりは、楽しい関係をきずけそう。でも、あなたには相手がちょっと単純すぎるようにみえることも。理屈よりも、まずは行動という相手の精神から、きっと学ぶことも多いはず。

相手が金星（おうし座）

安定をもとめようとするおうし座と、何かを変革させようとするみずがめ座のあなた。たがいに歩みよる姿勢をもたないと、考えは一致しなさそう。しかも、ともにガンコという、ちょっとやっかいな関係。でも、相手の現実的な面からは学ぶことも多そう。

相手が水星（ふたご座）

ふたりとも好奇心旺盛で、いろんなことを話しあったり、情報交換したりして、刺激しあえる関係になりそう。つきあっていくなかで、自分のことを理解してくれる人に出会えたと思うようになるかも。ともにあっさりしている一面もあるので、気をつけて。

相手が月（かに座）

いつも自由でいたいとねがうあなたと、少しおくびょうで、自分をケアしてくれる人をもとめるかに座。あなたは、その関係に束縛を感じるし、相手はあなたをつめたい人と感じるかも。でも、ストレスをかかえているときは、相手のやさしさが身にしみるはず。

相手が太陽（しし座）

ふたりとも個性が強く、かなり押しの強い性格だけど、行動のしかたは対照的。あなたはクールでスタイリッシュにいこうとするけど、しし座はストレートに自分を主張しがち。このスタイルのちがいがわかっていれば、ふたりは強力なタッグを組めそう。

相手が金星（てんびん座）

物質的ではない美しいものをもとめようとするてんびん座。あなたとは趣味もよくあい、楽しく語りあえるかも。興味のあることを共有し、話題もつきなさそう。でも、たがいにさっぱりしすぎているので、ときにはロマンチックな感情も大切に。

相手が水星（おとめ座）

たがいに悪意はないのに、誤解しあうことが多いかも。できれば遠慮せずに、いいたいことはストレートにいおう。繊細なおとめ座は、あなたが気にもとめていないことで悩んだりする可能性も。相手の話をちゃんと聞いてあげる姿勢を大切に。

相手が冥王星（さそり座）

深く物事を追求するさそり座に対し、「これはもうオーケー」と自分で判断し、つぎつぎと新しいことにチャレンジするあなた。相手の意見をじっくり聞き、物事を深くみきわめようとする態度を学んでは？　もし協力しあえれば、最高のパートナーになりそう。

相手が木星（いて座）

現状の環境や自分の位置に、けっして満足できないふたり。ともに心の高みをもとめていけるような関係や、つぎつぎと新しいことにチャレンジできる関係になっていきそう。目の前の現実がみえなくなることもあるけど、堅実さを身につければ、もう完璧。

相手が土星（やぎ座）

伝統を大切にするやぎ座と、改革を重視するあなたとでは、すれちがいが多いかも。相手はあなたに対して、奇をてらった人のように思い、あなたは相手を保守的でおもしろみのない人だと思うかも。でも、たがいを理解すれば、世界は倍に広がるはず。

相手が天王星（みずがめ座）

共通点も多く、すぐ仲よくなれそうだけど、たがいの自主性を重んじるあまり、必要以上に距離をとってしまうことも。もっと思いきって相手のふところへとびこんでいってみては？　たがいに打ちとけることができて、かけがえのない関係がきずけるかも。

相手が海王星（うお座）

情緒的でロマンチックなうお座と、クールで客観的なあなたは、つきあっていくのがむずかしそう。あなたのクールさに、相手はキズつくことが多く、あなたは相手の気分屋なところに嫌気がさすかも。でも、相手はあなたにうるおいをあたえてくれるはず。

2/19～3/20生まれ 〈海王星〉
うお座の相性

相手が火星（おひつじ座）

はげしく情熱的なエネルギーをもつおひつじ座。あなたとはそりがあわないかもしれないけど、相手をもちあげたり応援したりすれば、あなたをまもろうと奮起するかも。ただ感情的にぶつかると、たがいに冷静になれないところがあるので、注意して。

相手が金星（おうし座）

人生を楽しみたいというねがいは、ふたりの共通点。気持ちはスムーズにつうじそうだけど、ともにおとなしいところがあるので、最初のアクションはおこせないかも。あなたから積極的に行動してみては？ おうし座の現実的なところは学ぶことも多いはず。

相手が水星（ふたご座）

ふたご座は、情よりもロジックで攻めようとするので、あなたの得意な泣き落としは通用しなさそう。ふたご座の幅広い好奇心を学ぶようにすれば、人生は広がるはず。ふたりともあきっぽいので、ひとつのことに腰をすえてとりくむように心がけよう。

相手が月（かに座）

ぴったりのフィーリングをもつふたり。あなたがもとめることを、かに座がさっとやったりすることもありそう。ところが、わかりあいすぎて、ふたりでいっしょにムダなことをしてしまったりすることも。自分のことを冷静にみつめる目が必要かも。

相手が太陽（しし座）

あなたは、しし座を必要以上に理想化し、しし座はあなたを過保護にする傾向に。きちんとした関係をもって、しし座のしっかりとした自信を学びとろう。うまくいけば、最高のパートナーに。でも、たがいの価値観がちがうということだけはおぼえておこう。

相手が水星（おとめ座）

全体を直観的にとらえるあなたと、細部にこだわるおとめ座。正反対の性質のために、ひきあったり反発しあったりするけど、目のつけどころはかなりちがう。相手から批判精神を学べたら、大きな収穫が得られるはず。積極的につきあってみて。

相手が金星（てんびん座）

ふたりとも人づきあいを大切にするけど、あなたが相手とべったり一体になろうとするのに対し、てんびん座はきちんと一線をひこうとする。たがいの距離感をわかりあえれば、スムーズにいきそう。どこまでゆるし、どこまでまもるか、考えてつきあおう。

相手が冥王星（さそり座）

ふたりのあいだには、ふしぎなきずなが生まれそう。気がよくあうし、たがいのことをきちんと理解しあえそう。ただ、関係が深いものになってしまって、たがいのプライバシーにまでふみこむことも。失敗したときのキズも深くなるので、注意して。

相手が木星（いて座）

明るい性格で、外へでていこうとするいて座と、夢の世界にとどまろうとするあなた。理想が高い点では共通するけど、方向性にちがいがあるかも。少しこわがりのあなたは、いて座から人生に対する楽観的な見方を学ぶようにすると、気が楽になるかも。

相手が土星（やぎ座）

まじめなやぎ座と、ちょっとルーズなあなた。一見、あいそうもないけど、行動のリズムが似ているので、相性はよさそう。おだやかで堅実な関係をきずけそう。ただ、相手には、あなたの夢を理解することはできないかも。時間をかけて説明していこう。

相手が天王星（みずがめ座）

なかなかやっかいな相性のふたり。あなたは、みずがめ座のクールさにひかれるけど、そのクールさのためにキズつけられることも。相手から客観性を学べれば、大きな力が得られるはず。複雑な関係のなかにこそ、人生の妙味があるということを知っておこう。

相手が海王星（うお座）

ロマンチックな性質をもつふたり。ごく自然にたがいのことを理解しあえそう。どちらも自分をかわいがってほしいと思うタイプなので、それが原因でぶつかると、やっかいなことに。自分が愛されたいぶんだけ相手を愛することが、うまくつきあうヒケツ。

占星術の歴史

　現在の占星術は、紀元前400年ごろに誕生したといわれています。ギリシャのヘレニズム時代に花をさかせた占星術は、中世ヨーロッパ文化が衰退するとアラブ地域へと広がり、ルネサンス時代にヨーロッパ文化の中心にはいりこみました。17世紀には大衆文化として人気を得て、19世紀末から20世紀には人間の心をさぐる占星術として展開していきます。

　12の星座を使った「星座占い」が登場したのは1930年代で、占いの長い歴史からみると、ごく最近のできごとにあたります。イギリスの新聞が王女の誕生を祝い、「その月生まれの人の運勢」を掲載したのがはじまりといわれています。本格的な占星術にくらべて、誕生日だけで占える手軽な星座占いは、新聞や雑誌などのメディアに大変よろこばれました。その後、星座占いは爆発的に広まっていき、こんにちにいたるまで、身近で人気の高い占いでありつづけているのです。

第3章

占星術（せんせいじゅつ）でみる あなたの生きかた

あなたの生きかたがわかる

　本格的な西洋占星術では、よりくわしい占いをするために、人が生まれたときの天体や星座の配置を図にあらわした「ホロスコープ」をつくります。生まれた日時などによって、ひとりひとりちがった図となるホロスコープは、「運命のカルテ」ともいえるものです。

　ここでは、簡略化したホロスコープを使って、あなたの生きかたを占います。まず、87～89ページをよく読んで、あなたの太陽ハウスが第何ハウスに位置するかをもとめましょう。そのあと、自分の星座のページをひらき、あてはまる太陽ハウスの解説を読んでみてください。よりよく生きるためのアドバイスがしるされています。

【時差表】

※おおむね西から順にならべています。

都道府県	時差	都道府県	時差	都道府県	時差	都道府県	時差
沖縄県	－29分	高知県	－5分	福井県	＋5分	東京都	＋19分
長崎県	－20分	岡山県	－4分	三重県	＋6分	栃木県	＋19分
佐賀県	－19分	香川県	－4分	岐阜県	＋7分	千葉県	＋20分
熊本県	－18分	鳥取県	－3分	愛知県	＋8分	秋田県	＋20分
福岡県	－18分	徳島県	－1分	富山県	＋9分	山形県	＋21分
鹿児島県	－18分	和歌山県	±0分	長野県	＋13分	福島県	＋22分
宮崎県	－14分	兵庫県	±0分	静岡県	＋13分	茨城県	＋22分
山口県	－14分	大阪府	＋2分	山梨県	＋15分	青森県	＋23分
大分県	－13分	京都府	＋3分	新潟県	＋16分	宮城県	＋23分
広島県	－10分	奈良県	＋3分	群馬県	＋16分	岩手県	＋24分
愛媛県	－9分	滋賀県	＋3分	埼玉県	＋18分	北海道	＋25分
島根県	－7分	石川県	＋4分	神奈川県	＋18分		

太陽ハウスの調べかた〈例〉

①生まれた月日、時間、星座、場所（都道府県名）をノートなどに書く。

> Aさんの場合
> 月日：4月3日
> 時間：10時45分
> 星座：おひつじ座
> 場所：東京都

②左のページの「時差表」で、生まれた場所の時差を調べ、生まれた時間を増減させる。

Aさんは東京都生まれ
東京都の時差は＋19分
10時45分＋19分＝11時4分

③90〜101ページの「アセンダント早見表」をみて、②でもとめた時間にあてはまる時間帯を調べ、仮の星座をみちびきだす。

	おひつじ座	おうし座	ふたご座	かに座	しし座
1日	05:24〜	06:43〜	08:16〜	10:13〜	12:33〜
2日	05:20〜	06:39〜	08:12〜	10:09〜	12:29〜
3日	05:16〜	06:35〜	08:08〜	10:05〜	12:25〜
4日	05:12〜	06:31〜	08:04〜	10:01〜	12:21〜

Aさんは4月3日生まれ。②で11時4分だったので、仮の星座は「かに座」。

④ホロスコープのかに座の位置に「1」を記入。このかに座が「第1ハウス」となる。

ホロスコープ

記入前

かに座に「1」を記入

⑤そこから反時計まわりで、つぎのハウスに「2」、そのつぎのハウスに「3」と番号をふっていく。自分の星座のハウスが「太陽ハウス」。102〜137ページの「星座別の生きかた」をみて、自分の星座のハウスを読む。

記入後

おひつじ座（太陽ハウス）
しし座
かに座

Aさんは「かに座」が第1ハウス、「しし座」が第2ハウス。自分の星座である「おひつじ座」は第10ハウスとなるので、104ページの「第10ハウス」を読む。

あなたの太陽ハウスを調べよう

①あなたの生まれた月日、時間、星座、場所（都道府県名）を書きとめる。生まれた時間は、可能であれば、母子手帳などで正確に調べる。星座は7ページの「生まれた月日」で確認する。

②86ページの時差表から、生まれた場所（都道府県）をさがす。生まれた時間をもとに、＋ならその数字をくわえ、－ならひいて、場所による誤差を修正する。

③90〜101ページの「アセンダント早見表」から、あなたが生まれた月日をさがし、その行を横にみる。②でもとめた時間の範囲を確認し、仮の星座を調べる。

④右のページのホロスコープをみて、③で調べた仮の星座の□に「1」を記入。その星座が「第1ハウス」となる。

⑤「1」を記入した第1ハウスの星座を基準として、反時計まわりに「2」「3」……と番号をふっていく。

⑥あなたが生まれた星座が第何ハウスになったか調べる。そこがあなたの「太陽ハウス」となる。

⑦102〜137ページの「星座別の生きかた」から、自分の生まれた星座をさがし、⑥でもとめた太陽ハウスの番号の生きかたを読む。

あなたが生まれた星座と第1ハウスの星座がおなじ場合は、「第1ハウス」があなたの太陽ハウスとなるので、102〜137ページから自分の星座をさがし、第1ハウスの生きかたを読む。

第1ハウスはわたしの星座よ！

※「アセンダント」とは、あなたが生まれたときに東の地平線を上昇していた星座のこと。90ページからの「アセンダント早見表」は便宜上のもので、本来はその年によって時刻がずれていきます。境界近くにあたる人は、両方をみるとよいでしょう。

ホロスコープ

アセンダント早見表
〈1月〉

	おひつじ座	おうし座	ふたご座	かに座	しし座	おとめ座	てんびん座	さそり座	いて座	やぎ座	みずがめ座	うお座
1日	11:20~	12:39~	14:12~	16:09~	18:29~	20:56~	23:20~	01:44~	04:13~	06:32~	08:28~	09:56~11:19
2日	11:16~	12:35~	14:08~	16:05~	18:25~	20:52~	23:16~	01:40~	04:09~	06:28~	08:24~	09:52~11:15
3日	11:12~	12:31~	14:04~	16:01~	18:21~	20:48~	23:12~	01:36~	04:05~	06:24~	08:20~	09:48~11:11
4日	11:08~	12:27~	14:00~	15:57~	18:17~	20:44~	23:08~	01:32~	04:01~	06:20~	08:16~	09:44~11:07
5日	11:04~	12:23~	13:56~	15:53~	18:13~	20:40~	23:04~	01:28~	03:57~	06:16~	08:12~	09:40~11:03
6日	11:00~	12:19~	13:52~	15:49~	18:09~	20:36~	23:00~	01:24~	03:53~	06:12~	08:08~	09:36~10:59
7日	10:56~	12:15~	13:48~	15:45~	18:05~	20:32~	22:56~	01:20~	03:49~	06:08~	08:04~	09:32~10:55
8日	10:52~	12:11~	13:44~	15:41~	18:01~	20:28~	22:52~	01:16~	03:45~	06:04~	08:00~	09:28~10:51
9日	10:48~	12:07~	13:40~	15:37~	17:57~	20:24~	22:48~	01:12~	03:41~	06:00~	07:56~	09:24~10:47
10日	10:44~	12:03~	13:36~	15:33~	17:53~	20:20~	22:44~	01:08~	03:37~	05:56~	07:52~	09:20~10:43
11日	10:40~	11:59~	13:32~	15:29~	17:49~	20:16~	22:40~	01:04~	03:33~	05:52~	07:48~	09:16~10:39
12日	10:37~	11:56~	13:29~	15:26~	17:46~	20:13~	22:37~	01:01~	03:30~	05:49~	07:45~	09:13~10:36
13日	10:33~	11:52~	13:25~	15:22~	17:42~	20:09~	22:33~	00:57~	03:26~	05:45~	07:41~	09:09~10:32
14日	10:29~	11:48~	13:21~	15:18~	17:38~	20:05~	22:29~	00:53~	03:22~	05:41~	07:37~	09:05~10:28
15日	10:25~	11:44~	13:17~	15:14~	17:34~	20:01~	22:25~	00:49~	03:18~	05:37~	07:33~	09:01~10:24
16日	10:21~	11:40~	13:13~	15:10~	17:30~	19:57~	22:21~	00:45~	03:14~	05:33~	07:29~	08:57~10:20
17日	10:17~	11:36~	13:09~	15:06~	17:26~	19:53~	22:17~	00:41~	03:10~	05:29~	07:25~	08:53~10:16
18日	10:13~	11:32~	13:05~	15:02~	17:22~	19:49~	22:13~	00:37~	03:06~	05:25~	07:21~	08:49~10:12
19日	10:09~	11:28~	13:01~	14:58~	17:18~	19:45~	22:09~	00:33~	03:02~	05:21~	07:17~	08:45~10:08
20日	10:05~	11:24~	12:57~	14:54~	17:14~	19:41~	22:06~	00:29~	02:58~	05:17~	07:13~	08:41~10:04
21日	10:02~	11:21~	12:54~	14:51~	17:11~	19:38~	22:02~	00:26~	02:55~	05:14~	07:10~	08:40~10:01
22日	09:58~	11:17~	12:50~	14:47~	17:07~	19:34~	21:58~	00:22~	02:51~	05:10~	07:06~	08:36~09:57
23日	09:54~	11:13~	12:46~	14:43~	17:03~	19:30~	21:54~	00:18~	02:47~	05:06~	07:02~	08:32~09:53
24日	09:50~	11:09~	12:42~	14:39~	16:59~	19:26~	21:50~	00:14~	02:43~	05:02~	06:58~	08:28~09:49
25日	09:46~	11:05~	12:38~	14:35~	16:55~	19:22~	21:46~	00:10~	02:39~	04:58~	06:54~	08:24~09:45
26日	09:42~	11:01~	12:34~	14:31~	16:51~	19:18~	21:42~	00:06~	02:35~	04:54~	06:50~	08:20~09:41
27日	09:38~	10:57~	12:30~	14:27~	16:47~	19:14~	21:38~	00:02~	02:31~	04:50~	06:46~	08:16~09:37
28日	09:34~	10:53~	12:26~	14:23~	16:43~	19:10~	21:34~	23:58~	02:27~	04:46~	06:42~	08:12~09:33
29日	09:30~	10:49~	12:22~	14:19~	16:39~	19:06~	21:30~	23:54~	02:23~	04:42~	06:38~	08:08~09:29
30日	09:26~	10:45~	12:18~	14:15~	16:35~	19:02~	21:26~	23:50~	02:19~	04:38~	06:34~	08:04~09:25
31日	09:22~	10:41~	12:14~	14:11~	16:31~	18:58~	21:22~	23:46~	02:15~	04:34~	06:30~	08:00~09:21

アセンダント早見表
〈2月〉

	おひつじ座	おうし座	ふたご座	かに座	しし座	おとめ座	てんびん座	さそり座	いて座	やぎ座	みずがめ座	うお座
1日	09:19~	10:38~	12:11~	14:08~	16:28~	18:55~	21:19~	23:43~	02:12~	04:31~	06:27~	07:57~09:18
2日	09:15~	10:34~	12:07~	14:04~	16:24~	18:51~	21:15~	23:39~	02:08~	04:27~	06:23~	07:53~09:14
3日	09:11~	10:30~	12:03~	14:00~	16:20~	18:47~	21:11~	23:35~	02:04~	04:23~	06:19~	07:49~09:10
4日	09:07~	10:26~	11:59~	13:56~	16:16~	18:43~	21:07~	23:31~	02:00~	04:19~	06:15~	07:45~09:06
5日	09:03~	10:22~	11:55~	13:52~	16:12~	18:39~	21:03~	23:27~	01:56~	04:15~	06:11~	07:41~09:02
6日	08:59~	10:18~	11:51~	13:48~	16:08~	18:35~	20:59~	23:23~	01:52~	04:11~	06:07~	07:37~08:58
7日	08:55~	10:14~	11:47~	13:44~	16:04~	18:31~	20:55~	23:19~	01:48~	04:07~	06:03~	07:33~08:54
8日	08:51~	10:10~	11:43~	13:40~	16:00~	18:27~	20:51~	23:15~	01:44~	04:03~	05:59~	07:29~08:50
9日	08:47~	10:06~	11:39~	13:36~	15:56~	18:23~	20:47~	23:11~	01:40~	03:59~	05:55~	07:25~08:46
10日	08:43~	10:02~	11:35~	13:32~	15:52~	18:19~	20:43~	23:07~	01:36~	03:55~	05:51~	07:21~08:42
11日	08:39~	09:58~	11:31~	13:28~	15:48~	18:15~	20:39~	23:03~	01:32~	03:51~	05:47~	07:17~08:38
12日	08:35~	09:54~	11:27~	13:24~	15:44~	18:11~	20:35~	22:59~	01:28~	03:47~	05:43~	07:13~08:34
13日	08:31~	09:50~	11:23~	13:20~	15:40~	18:07~	20:31~	22:55~	01:24~	03:43~	05:39~	07:09~08:30
14日	08:27~	09:46~	11:19~	13:16~	15:36~	18:03~	20:27~	22:51~	01:20~	03:39~	05:35~	07:05~08:26
15日	08:23~	09:42~	11:15~	13:12~	15:32~	17:59~	20:23~	22:47~	01:16~	03:35~	05:31~	07:01~08:22
16日	08:19~	09:38~	11:11~	13:08~	15:28~	17:55~	20:19~	22:43~	01:12~	03:31~	05:27~	06:57~08:18
17日	08:15~	09:34~	11:07~	13:04~	15:24~	17:51~	20:15~	22:39~	01:08~	03:27~	05:23~	06:53~08:14
18日	08:11~	09:30~	11:03~	13:00~	15:20~	17:47~	20:11~	22:35~	01:04~	03:23~	05:19~	06:49~08:10
19日	08:07~	09:26~	10:59~	12:56~	15:16~	17:43~	20:07~	22:31~	01:00~	03:19~	05:15~	06:45~08:06
20日	08:03~	09:22~	10:55~	12:52~	15:12~	17:39~	20:03~	22:27~	00:56~	03:15~	05:11~	06:41~08:02
21日	08:00~	09:19~	10:52~	12:49~	15:09~	17:36~	20:00~	22:24~	00:53~	03:12~	05:08~	06:38~07:59
22日	07:56~	09:15~	10:48~	12:45~	15:05~	17:32~	19:56~	22:20~	00:49~	03:08~	05:04~	06:34~07:55
23日	07:52~	09:11~	10:44~	12:41~	15:01~	17:28~	19:52~	22:16~	00:45~	03:04~	05:00~	06:30~07:51
24日	07:48~	09:07~	10:40~	12:37~	14:57~	17:24~	19:48~	22:12~	00:41~	03:00~	04:56~	06:26~07:47
25日	07:44~	09:03~	10:36~	12:33~	14:53~	17:20~	19:44~	22:08~	00:37~	02:56~	04:52~	06:22~07:43
26日	07:40~	08:59~	10:32~	12:29~	14:49~	17:16~	19:40~	22:04~	00:33~	02:52~	04:48~	06:18~07:39
27日	07:36~	08:55~	10:28~	12:25~	14:45~	17:12~	19:36~	22:00~	00:29~	02:48~	04:44~	06:14~07:35
28日	07:32~	08:51~	10:24~	12:21~	14:41~	17:08~	19:32~	21:56~	00:25~	02:44~	04:40~	06:10~07:31
29日	07:28~	08:47~	10:20~	12:17~	14:37~	17:04~	19:28~	21:52~	00:21~	02:40~	04:36~	06:06~07:27

アセンダント早見表
〈3月〉

	おひつじ座	おうし座	ふたご座	かに座	しし座	おとめ座	てんびん座	さそり座	いて座	やぎ座	みずがめ座	うお座
1日	07:28~	08:47~	10:20~	12:17~	14:37~	17:04~	19:28~	21:52~	00:21~	02:40~	04:36~	06:06~07:27
2日	07:24~	08:43~	10:16~	12:13~	14:33~	17:00~	19:24~	21:48~	00:17~	02:36~	04:32~	06:02~07:23
3日	07:20~	08:39~	10:12~	12:09~	14:29~	16:56~	19:20~	21:44~	00:13~	02:32~	04:28~	05:58~07:19
4日	07:16~	08:35~	10:08~	12:05~	14:25~	16:52~	19:16~	21:40~	00:09~	02:28~	04:24~	05:54~07:15
5日	07:12~	08:31~	10:04~	12:01~	14:21~	16:48~	19:12~	21:36~	00:03~	02:24~	04:20~	05:50~07:11
6日	07:08~	08:27~	10:00~	11:57~	14:17~	16:44~	19:08~	21:32~	23:59~	02:20~	04:16~	05:46~07:07
7日	07:04~	08:23~	09:56~	11:53~	14:13~	16:40~	19:04~	21:28~	23:55~	02:16~	04:12~	05:42~07:03
8日	07:00~	08:19~	09:52~	11:49~	14:09~	16:36~	19:00~	21:24~	23:51~	02:12~	04:08~	05:38~06:59
9日	06:56~	08:15~	09:48~	11:45~	14:05~	16:32~	18:56~	21:20~	23:47~	02:08~	04:04~	05:34~06:55
10日	06:52~	08:11~	09:44~	11:41~	14:01~	16:28~	18:52~	21:16~	23:43~	02:04~	04:00~	05:30~06:51
11日	06:48~	08:07~	09:40~	11:37~	13:57~	16:24~	18:48~	21:12~	23:39~	02:00~	03:56~	05:26~06:47
12日	06:44~	08:03~	09:36~	11:33~	13:53~	16:20~	18:44~	21:08~	23:35~	01:56~	03:52~	05:22~06:43
13日	06:40~	07:59~	09:32~	11:29~	13:49~	16:16~	18:40~	21:04~	23:31~	01:52~	03:48~	05:18~06:39
14日	06:36~	07:55~	09:28~	11:25~	13:45~	16:12~	18:36~	21:00~	23:27~	01:48~	03:44~	05:14~06:35
15日	06:32~	07:51~	09:24~	11:21~	13:41~	16:08~	18:32~	20:56~	23:23~	01:44~	03:40~	05:10~06:31
16日	06:28~	07:47~	09:20~	11:17~	13:37~	16:04~	18:28~	20:52~	23:19~	01:40~	03:36~	05:06~06:27
17日	06:24~	07:43~	09:16~	11:13~	13:33~	16:00~	18:24~	20:48~	23:15~	01:36~	03:32~	05:02~06:23
18日	06:20~	07:39~	09:12~	11:09~	13:29~	15:56~	18:20~	20:44~	23:11~	01:32~	03:28~	04:58~06:19
19日	06:16~	07:35~	09:08~	11:05~	13:25~	15:52~	18:16~	20:40~	23:07~	01:28~	03:24~	04:54~06:15
20日	06:12~	07:31~	09:04~	11:01~	13:21~	15:48~	18:12~	20:36~	23:03~	01:24~	03:20~	04:50~06:11
21日	06:07~	07:26~	08:59~	10:56~	13:16~	15:43~	18:07~	20:31~	23:00~	01:19~	03:15~	04:45~06:06
22日	06:03~	07:22~	08:55~	10:52~	13:12~	15:39~	18:03~	20:27~	22:56~	01:15~	03:11~	04:41~06:02
23日	06:00~	07:19~	08:52~	10:49~	13:09~	15:36~	18:00~	20:24~	22:53~	01:12~	03:08~	04:38~05:59
24日	05:56~	07:15~	08:48~	10:45~	13:05~	15:32~	17:56~	20:20~	22:49~	01:08~	03:04~	04:34~05:55
25日	05:52~	07:11~	08:44~	10:41~	13:01~	15:28~	17:52~	20:16~	22:45~	01:04~	03:00~	04:30~05:51
26日	05:48~	07:07~	08:40~	10:37~	12:57~	15:24~	17:48~	20:12~	22:41~	01:00~	02:56~	04:26~05:47
27日	05:44~	07:03~	08:36~	10:33~	12:53~	15:20~	17:44~	20:08~	22:37~	00:56~	02:52~	04:22~05:43
28日	05:40~	06:59~	08:32~	10:29~	12:49~	15:16~	17:40~	20:04~	22:33~	00:52~	02:48~	04:18~05:39
29日	05:36~	06:55~	08:28~	10:25~	12:45~	15:12~	17:36~	20:00~	22:29~	00:48~	02:44~	04:14~05:35
30日	05:32~	06:51~	08:24~	10:21~	12:41~	15:08~	17:32~	19:56~	22:25~	00:44~	02:40~	04:10~05:31
31日	05:28~	06:47~	08:20~	10:17~	12:37~	15:04~	17:28~	19:52~	22:21~	00:40~	02:36~	04:06~05:27

アセンダント早見表
〈4月〉

	おひつじ座	おうし座	ふたご座	かに座	しし座	おとめ座	てんびん座	さそり座	いて座	やぎ座	みずがめ座	うお座
1日	05:24～	06:43～	08:16～	10:13～	12:33～	15:00～	17:24～	19:48～	22:17～	00:36～	02:32～	04:02～05:23
2日	05:20～	06:39～	08:12～	10:09～	12:29～	14:56～	17:20～	19:44～	22:13～	00:32～	02:28～	03:58～05:19
3日	05:16～	06:35～	08:08～	10:05～	12:25～	14:52～	17:16～	19:40～	22:09～	00:28～	02:24～	03:54～05:15
4日	05:12～	06:31～	08:04～	10:01～	12:21～	14:48～	17:12～	19:36～	22:05～	00:24～	02:20～	03:50～05:11
5日	05:08～	06:27～	08:00～	09:57～	12:17～	14:44～	17:08～	19:32～	22:01～	00:20～	02:16～	03:46～05:07
6日	05:04～	06:23～	07:56～	09:53～	12:13～	14:40～	17:04～	19:28～	21:57～	00:16～	02:12～	03:42～05:03
7日	05:00～	06:19～	07:52～	09:49～	12:09～	14:36～	17:00～	19:24～	21:53～	00:12～	02:08～	03:38～04:59
8日	04:56～	06:15～	07:48～	09:45～	12:05～	14:32～	16:56～	19:20～	21:49～	00:08～	02:04～	03:34～04:55
9日	04:52～	06:11～	07:44～	09:41～	12:01～	14:28～	16:52～	19:16～	21:45～	00:04～	02:00～	03:30～04:51
10日	04:48～	06:07～	07:40～	09:37～	11:57～	14:24～	16:48～	19:12～	21:41～	00:00～	01:56～	03:26～04:47
11日	04:44～	06:03～	07:36～	09:33～	11:53～	14:20～	16:44～	19:08～	21:37～	23:56～	01:52～	03:22～04:43
12日	04:40～	05:59～	07:32～	09:29～	11:49～	14:16～	16:40～	19:04～	21:33～	23:52～	01:48～	03:18～04:39
13日	04:36～	05:55～	07:28～	09:26～	11:45～	14:12～	16:36～	19:00～	21:29～	23:48～	01:44～	03:14～04:35
14日	04:33～	05:52～	07:25～	09:22～	11:42～	14:09～	16:33～	18:57～	21:26～	23:45～	01:41～	03:11～04:32
15日	04:29～	05:48～	07:21～	09:18～	11:38～	14:05～	16:29～	18:53～	21:22～	23:41～	01:37～	03:07～04:28
16日	04:25～	05:44～	07:17～	09:14～	11:34～	14:01～	16:25～	18:49～	21:18～	23:37～	01:33～	03:03～04:24
17日	04:21～	05:40～	07:13～	09:10～	11:30～	13:57～	16:21～	18:45～	21:14～	23:33～	01:29～	02:59～04:20
18日	04:17～	05:36～	07:09～	09:06～	11:26～	13:53～	16:17～	18:41～	21:10～	23:29～	01:25～	02:55～04:16
19日	04:13～	05:32～	07:05～	09:02～	11:22～	13:49～	16:13～	18:37～	21:06～	23:25～	01:21～	02:51～04:12
20日	04:09～	05:28～	07:01～	08:58～	11:18～	13:45～	16:09～	18:33～	21:02～	23:21～	01:17～	02:47～04:08
21日	04:05～	05:24～	06:57～	08:54～	11:14～	13:41～	16:05～	18:29～	20:58～	23:17～	01:13～	02:43～04:04
22日	04:01～	05:20～	06:53～	08:50～	11:10～	13:37～	16:01～	18:25～	20:54～	23:13～	01:09～	02:39～04:00
23日	03:57～	05:16～	06:49～	08:46～	11:06～	13:33～	15:57～	18:21～	20:50～	23:09～	01:05～	02:35～03:56
24日	03:53～	05:12～	06:45～	08:42～	11:02～	13:29～	15:53～	18:17～	20:46～	23:05～	01:01～	02:31～03:52
25日	03:49～	05:08～	06:41～	08:38～	10:58～	13:25～	15:49～	18:13～	20:42～	23:01～	00:57～	02:27～03:48
26日	03:45～	05:04～	06:37～	08:34～	10:54～	13:21～	15:45～	18:09～	20:38～	22:57～	00:53～	02:23～03:44
27日	03:41～	05:00～	06:33～	08:30～	10:50～	13:17～	15:41～	18:05～	20:34～	22:53～	00:49～	02:19～03:40
28日	03:37～	04:56～	06:29～	08:26～	10:46～	13:13～	15:37～	18:01～	20:30～	22:49～	00:45～	02:15～03:36
29日	03:33～	04:52～	06:25～	08:22～	10:42～	13:09～	15:33～	17:57～	20:26～	22:45～	00:41～	02:11～03:32
30日	03:29～	04:48～	06:21～	08:18～	10:38～	13:05～	15:29～	17:53～	20:22～	22:41～	00:37～	02:07～03:28

アセンダント早見表
〈5月〉

	おひつじ座	おうし座	ふたご座	かに座	しし座	おとめ座	てんびん座	さそり座	いて座	やぎ座	みずがめ座	うお座
1日	03:26~	04:45~	06:18~	08:15~	10:35~	13:02~	15:26~	17:50~	20:19~	22:38~	00:34~	02:04~03:25
2日	03:22~	04:41~	06:14~	08:11~	10:31~	12:58~	15:22~	17:46~	20:15~	22:34~	00:30~	02:00~03:21
3日	03:18~	04:37~	06:10~	08:07~	10:27~	12:54~	15:18~	17:42~	20:11~	22:30~	00:26~	01:56~03:17
4日	03:14~	04:33~	06:06~	08:03~	10:23~	12:50~	15:14~	17:38~	20:07~	22:26~	00:22~	01:52~03:13
5日	03:10~	04:29~	06:02~	07:59~	10:19~	12:46~	15:10~	17:34~	20:03~	22:22~	00:18~	01:48~03:09
6日	03:06~	04:25~	05:58~	07:55~	10:15~	12:42~	15:06~	17:30~	19:59~	22:18~	00:14~	01:44~03:05
7日	03:02~	04:21~	05:54~	07:51~	10:11~	12:38~	15:02~	17:26~	19:55~	22:14~	00:10~	01:40~03:01
8日	02:58~	04:17~	05:50~	07:47~	10:07~	12:34~	14:58~	17:22~	19:51~	22:10~	00:06~	01:36~02:57
9日	02:54~	04:13~	05:46~	07:43~	10:03~	12:30~	14:54~	17:18~	19:47~	22:06~	00:02~	01:32~02:53
10日	02:50~	04:09~	05:42~	07:39~	09:59~	12:26~	14:50~	17:14~	19:43~	22:02~	23:58~	01:28~02:49
11日	02:46~	04:05~	05:38~	07:35~	09:55~	12:22~	14:46~	17:10~	19:39~	21:58~	23:54~	01:24~02:45
12日	02:42~	04:01~	05:34~	07:31~	09:51~	12:18~	14:42~	17:06~	19:35~	21:54~	23:50~	01:20~02:41
13日	02:38~	03:57~	05:30~	07:27~	09:47~	12:14~	14:38~	17:02~	19:31~	21:50~	23:46~	01:16~02:37
14日	02:34~	03:53~	05:26~	07:23~	09:43~	12:10~	14:34~	16:58~	19:27~	21:46~	23:42~	01:12~02:33
15日	02:30~	03:49~	05:22~	07:19~	09:39~	12:06~	14:30~	16:54~	19:23~	21:42~	23:38~	01:08~02:29
16日	02:26~	03:45~	05:18~	07:15~	09:35~	12:02~	14:26~	16:50~	19:19~	21:38~	23:34~	01:04~02:25
17日	02:22~	03:41~	05:14~	07:11~	09:31~	11:58~	14:22~	16:46~	19:15~	21:34~	23:30~	01:00~02:21
18日	02:18~	03:37~	05:11~	07:07~	09:27~	11:54~	14:18~	16:42~	19:11~	21:30~	23:26~	00:56~02:17
19日	02:15~	03:34~	05:08~	07:04~	09:24~	11:51~	14:15~	16:39~	19:08~	21:27~	23:23~	00:53~02:14
20日	02:11~	03:30~	05:04~	07:00~	09:20~	11:47~	14:11~	16:35~	19:05~	21:23~	23:19~	00:49~02:10
21日	02:07~	03:26~	05:00~	06:56~	09:16~	11:43~	14:07~	16:31~	19:01~	21:19~	23:15~	00:45~02:06
22日	02:03~	03:22~	04:55~	06:52~	09:12~	11:39~	14:03~	16:27~	18:56~	21:15~	23:11~	00:41~02:02
23日	01:59~	03:18~	04:51~	06:48~	09:08~	11:35~	13:59~	16:23~	18:52~	21:11~	23:07~	00:37~01:58
24日	01:55~	03:14~	04:47~	06:44~	09:04~	11:31~	13:55~	16:19~	18:48~	21:07~	23:03~	00:33~01:54
25日	01:51~	03:10~	04:43~	06:40~	09:00~	11:27~	13:51~	16:15~	18:44~	21:03~	22:59~	00:29~01:50
26日	01:47~	03:06~	04:39~	06:36~	08:56~	11:23~	13:47~	16:11~	18:40~	20:59~	22:55~	00:25~01:46
27日	01:43~	03:02~	04:35~	06:32~	08:52~	11:19~	13:43~	16:07~	18:36~	20:55~	22:51~	00:21~01:42
28日	01:39~	02:58~	04:31~	06:28~	08:48~	11:15~	13:39~	16:03~	18:32~	20:51~	22:47~	00:17~01:38
29日	01:35~	02:54~	04:27~	06:24~	08:44~	11:11~	13:35~	15:59~	18:28~	20:47~	22:43~	00:13~01:34
30日	01:31~	02:50~	04:23~	06:20~	08:40~	11:07~	13:31~	15:55~	18:24~	20:43~	22:39~	00:09~01:30
31日	01:27~	02:46~	04:19~	06:16~	08:36~	11:03~	13:27~	15:51~	18:20~	20:39~	22:35~	00:05~01:26

アセンダント早見表
〈6月〉

	おひつじ座	おうし座	ふたご座	かに座	しし座	おとめ座	てんびん座	さそり座	いて座	やぎ座	みずがめ座	うお座
1日	01:23〜	02:42〜	04:15〜	06:12〜	08:32〜	10:59〜	13:23〜	15:47〜	18:16〜	20:35〜	22:31〜	00:01〜01:22
2日	01:19〜	02:38〜	04:11〜	06:08〜	08:28〜	10:55〜	13:19〜	15:43〜	18:12〜	20:31〜	22:27〜	23:57〜01:18
3日	01:15〜	02:34〜	04:07〜	06:04〜	08:24〜	10:51〜	13:15〜	15:39〜	18:08〜	20:27〜	22:23〜	23:53〜01:14
4日	01:11〜	02:30〜	04:03〜	06:00〜	08:20〜	10:47〜	13:11〜	15:35〜	18:04〜	20:23〜	22:19〜	23:49〜01:10
5日	01:08〜	02:27〜	04:00〜	05:57〜	08:17〜	10:44〜	13:08〜	15:32〜	18:01〜	20:20〜	22:16〜	23:46〜01:07
6日	01:04〜	02:23〜	03:56〜	05:53〜	08:13〜	10:40〜	13:04〜	15:28〜	17:57〜	20:16〜	22:12〜	23:42〜01:03
7日	01:00〜	02:19〜	03:52〜	05:49〜	08:09〜	10:36〜	13:00〜	15:24〜	17:53〜	20:12〜	22:08〜	23:38〜00:59
8日	00:56〜	02:15〜	03:48〜	05:45〜	08:05〜	10:32〜	12:56〜	15:20〜	17:49〜	20:08〜	22:04〜	23:34〜00:55
9日	00:52〜	02:11〜	03:44〜	05:41〜	08:01〜	10:28〜	12:52〜	15:16〜	17:45〜	20:04〜	22:00〜	23:30〜00:51
10日	00:48〜	02:07〜	03:40〜	05:37〜	07:57〜	10:24〜	12:48〜	15:12〜	17:41〜	20:00〜	21:56〜	23:26〜00:47
11日	00:44〜	02:03〜	03:36〜	05:33〜	07:53〜	10:20〜	12:44〜	15:08〜	17:37〜	19:56〜	21:52〜	23:22〜00:43
12日	00:40〜	01:59〜	03:32〜	05:29〜	07:49〜	10:16〜	12:40〜	15:04〜	17:33〜	19:52〜	21:48〜	23:18〜00:39
13日	00:36〜	01:55〜	03:28〜	05:25〜	07:45〜	10:12〜	12:36〜	15:00〜	17:29〜	19:48〜	21:44〜	23:14〜00:35
14日	00:32〜	01:51〜	03:24〜	05:21〜	07:41〜	10:08〜	12:32〜	14:56〜	17:25〜	19:44〜	21:40〜	23:10〜00:31
15日	00:28〜	01:47〜	03:20〜	05:17〜	07:37〜	10:04〜	12:28〜	14:52〜	17:21〜	19:40〜	21:36〜	23:06〜00:27
16日	00:24〜	01:43〜	03:16〜	05:13〜	07:33〜	10:00〜	12:24〜	14:48〜	17:17〜	19:36〜	21:32〜	23:02〜00:23
17日	00:20〜	01:39〜	03:12〜	05:09〜	07:29〜	09:56〜	12:20〜	14:44〜	17:13〜	19:32〜	21:28〜	22:58〜00:19
18日	00:16〜	01:35〜	03:08〜	05:05〜	07:25〜	09:52〜	12:16〜	14:40〜	17:09〜	19:28〜	21:24〜	22:54〜00:15
19日	00:12〜	01:31〜	03:04〜	05:01〜	07:21〜	09:48〜	12:12〜	14:36〜	17:05〜	19:24〜	21:20〜	22:50〜00:11
20日	00:08〜	01:27〜	03:00〜	04:57〜	07:17〜	09:44〜	12:08〜	14:32〜	17:01〜	19:20〜	21:16〜	22:46〜00:07
21日	00:04〜	01:23〜	02:56〜	04:53〜	07:13〜	09:40〜	12:04〜	14:28〜	16:57〜	19:16〜	21:12〜	22:42〜00:03
22日	00:00〜	01:19〜	02:52〜	04:49〜	07:09〜	09:36〜	12:00〜	14:24〜	16:53〜	19:12〜	21:08〜	22:38〜23:59
23日	23:57〜	01:16〜	02:49〜	04:46〜	07:06〜	09:33〜	11:57〜	14:21〜	16:50〜	19:09〜	21:05〜	22:35〜23:56
24日	23:53〜	01:12〜	02:45〜	04:42〜	07:02〜	09:29〜	11:53〜	14:17〜	16:46〜	19:05〜	21:01〜	22:31〜23:52
25日	23:49〜	01:08〜	02:41〜	04:38〜	06:58〜	09:25〜	11:49〜	14:13〜	16:42〜	19:01〜	20:57〜	22:27〜23:48
26日	23:45〜	01:04〜	02:37〜	04:34〜	06:54〜	09:21〜	11:45〜	14:09〜	16:38〜	18:57〜	20:53〜	22:23〜23:44
27日	23:41〜	01:00〜	02:33〜	04:30〜	06:50〜	09:17〜	11:41〜	14:05〜	16:34〜	18:53〜	20:49〜	22:19〜23:40
28日	23:37〜	00:56〜	02:29〜	04:26〜	06:46〜	09:13〜	11:37〜	14:01〜	16:30〜	18:49〜	20:45〜	22:15〜23:36
29日	23:33〜	00:52〜	02:25〜	04:22〜	06:42〜	09:09〜	11:33〜	13:57〜	16:26〜	18:45〜	20:41〜	22:11〜23:32
30日	23:29〜	00:48〜	02:21〜	04:18〜	06:38〜	09:05〜	11:29〜	13:53〜	16:22〜	18:41〜	20:37〜	22:07〜23:28

アセンダント早見表 〈7月〉

	おひつじ座	おうし座	ふたご座	かに座	しし座	おとめ座	てんびん座	さそり座	いて座	やぎ座	みずがめ座	うお座
1日	23:25~	00:44~	02:17~	04:14~	06:34~	09:01~	11:25~	13:49~	16:18~	18:37~	20:33~	22:03~23:24
2日	23:21~	00:40~	02:13~	04:10~	06:30~	08:57~	11:21~	13:45~	16:14~	18:33~	20:29~	21:59~23:20
3日	23:17~	00:36~	02:09~	04:06~	06:26~	08:53~	11:17~	13:41~	16:10~	18:29~	20:25~	21:55~23:16
4日	23:13~	00:32~	02:05~	04:02~	06:22~	08:49~	11:13~	13:37~	16:06~	18:25~	20:21~	21:51~23:12
5日	23:09~	00:28~	02:01~	03:58~	06:18~	08:45~	11:09~	13:33~	16:02~	18:21~	20:17~	21:47~23:08
6日	23:05~	00:24~	01:57~	03:54~	06:14~	08:41~	11:05~	13:29~	15:58~	18:17~	20:13~	21:43~23:04
7日	23:01~	00:20~	01:53~	03:50~	06:10~	08:37~	11:01~	13:25~	15:54~	18:13~	20:09~	21:39~23:00
8日	22:57~	00:16~	01:49~	03:46~	06:06~	08:33~	10:57~	13:21~	15:50~	18:09~	20:05~	21:35~22:56
9日	22:53~	00:12~	01:45~	03:42~	06:02~	08:29~	10:53~	13:17~	15:46~	18:05~	20:01~	21:31~22:52
10日	22:50~	00:09~	01:42~	03:39~	05:59~	08:26~	10:50~	13:14~	15:43~	18:01~	19:58~	21:28~22:49
11日	22:46~	00:05~	01:38~	03:35~	05:55~	08:22~	10:46~	13:10~	15:39~	17:58~	19:54~	21:24~22:45
12日	22:42~	00:01~	01:34~	03:31~	05:51~	08:18~	10:42~	13:06~	15:35~	17:54~	19:50~	21:20~22:41
13日	22:38~	23:57~	01:30~	03:27~	05:47~	08:14~	10:38~	13:02~	15:31~	17:50~	19:46~	21:16~22:37
14日	22:34~	23:53~	01:26~	03:23~	05:43~	08:10~	10:34~	12:58~	15:27~	17:46~	19:42~	21:12~22:33
15日	22:30~	23:49~	01:22~	03:19~	05:39~	08:06~	10:30~	12:54~	15:23~	17:42~	19:38~	21:08~22:29
16日	22:26~	23:45~	01:18~	03:15~	05:35~	08:02~	10:26~	12:50~	15:19~	17:38~	19:34~	21:04~22:25
17日	22:22~	23:41~	01:14~	03:11~	05:31~	07:58~	10:22~	12:46~	15:15~	17:34~	19:30~	21:00~22:21
18日	22:18~	23:37~	01:10~	03:07~	05:27~	07:54~	10:18~	12:42~	15:11~	17:30~	19:26~	20:56~22:17
19日	22:14~	23:33~	01:06~	03:03~	05:23~	07:50~	10:14~	12:38~	15:07~	17:26~	19:22~	20:52~22:13
20日	22:10~	23:29~	01:02~	02:59~	05:19~	07:46~	10:10~	12:34~	15:03~	17:22~	19:18~	20:48~22:09
21日	22:06~	23:25~	00:58~	02:55~	05:15~	07:42~	10:06~	12:30~	14:59~	17:18~	19:14~	20:44~22:05
22日	22:02~	23:21~	00:54~	02:51~	05:11~	07:38~	10:02~	12:26~	14:55~	17:14~	19:10~	20:40~22:01
23日	21:58~	23:17~	00:50~	02:47~	05:07~	07:34~	09:58~	12:22~	14:51~	17:10~	19:06~	20:36~21:57
24日	21:54~	23:13~	00:46~	02:43~	05:03~	07:30~	09:54~	12:18~	14:47~	17:06~	19:02~	20:32~21:53
25日	21:50~	23:09~	00:42~	02:39~	04:59~	07:26~	09:50~	12:14~	14:43~	17:02~	18:58~	20:28~21:49
26日	21:46~	23:05~	00:38~	02:35~	04:55~	07:22~	09:46~	12:10~	14:39~	16:58~	18:54~	20:24~21:45
27日	21:42~	23:01~	00:34~	02:31~	04:51~	07:18~	09:42~	12:06~	14:35~	16:54~	18:50~	20:20~21:41
28日	21:39~	22:58~	00:31~	02:28~	04:48~	07:15~	09:39~	12:03~	14:32~	16:51~	18:47~	20:17~21:38
29日	21:35~	22:54~	00:27~	02:24~	04:44~	07:11~	09:35~	11:59~	14:28~	16:47~	18:43~	20:13~21:34
30日	21:31~	22:50~	00:23~	02:20~	04:40~	07:07~	09:31~	11:55~	14:24~	16:43~	18:39~	20:09~21:30
31日	21:27~	22:46~	00:19~	02:16~	04:36~	07:03~	09:27~	11:51~	14:20~	16:39~	18:35~	20:05~21:26

アセンダント早見表
〈8月〉

	おひつじ座	おうし座	ふたご座	かに座	しし座	おとめ座	てんびん座	さそり座	いて座	やぎ座	みずがめ座	うお座
1日	21:23〜	22:42〜	00:15〜	02:12〜	04:32〜	06:59〜	09:23〜	11:47〜	14:16〜	16:35〜	18:31〜	20:01〜21:22
2日	21:19〜	22:38〜	00:11〜	02:08〜	04:28〜	06:55〜	09:19〜	11:43〜	14:12〜	16:31〜	18:27〜	19:57〜21:18
3日	21:15〜	22:34〜	00:07〜	02:04〜	04:24〜	06:51〜	09:15〜	11:39〜	14:08〜	16:27〜	18:23〜	19:53〜21:14
4日	21:11〜	22:30〜	00:03〜	02:00〜	04:20〜	06:47〜	09:11〜	11:35〜	14:04〜	16:23〜	18:19〜	19:49〜21:10
5日	21:07〜	22:26〜	23:59〜	01:56〜	04:16〜	06:43〜	09:07〜	11:31〜	14:00〜	16:19〜	18:15〜	19:45〜21:06
6日	21:03〜	22:22〜	23:55〜	01:52〜	04:12〜	06:39〜	09:03〜	11:27〜	13:56〜	16:15〜	18:11〜	19:41〜21:02
7日	20:59〜	22:18〜	23:51〜	01:48〜	04:08〜	06:35〜	08:59〜	11:23〜	13:52〜	16:11〜	18:07〜	19:37〜20:58
8日	20:55〜	22:14〜	23:47〜	01:44〜	04:04〜	06:31〜	08:55〜	11:19〜	13:48〜	16:07〜	18:03〜	19:33〜20:54
9日	20:51〜	22:10〜	23:43〜	01:40〜	04:00〜	06:27〜	08:51〜	11:15〜	13:44〜	16:03〜	17:59〜	19:29〜20:50
10日	20:47〜	22:06〜	23:39〜	01:36〜	03:56〜	06:23〜	08:47〜	11:11〜	13:40〜	15:59〜	17:55〜	19:25〜20:46
11日	20:43〜	22:02〜	23:35〜	01:32〜	03:52〜	06:19〜	08:43〜	11:07〜	13:36〜	15:55〜	17:51〜	19:21〜20:42
12日	20:39〜	21:58〜	23:31〜	01:28〜	03:48〜	06:15〜	08:39〜	11:03〜	13:32〜	15:51〜	17:47〜	19:17〜20:38
13日	20:35〜	21:54〜	23:27〜	01:24〜	03:44〜	06:11〜	08:35〜	10:59〜	13:28〜	15:47〜	17:43〜	19:13〜20:34
14日	20:32〜	21:51〜	23:24〜	01:21〜	03:41〜	06:08〜	08:32〜	10:56〜	13:25〜	15:44〜	17:40〜	19:10〜20:31
15日	20:28〜	21:47〜	23:20〜	01:17〜	03:37〜	06:04〜	08:28〜	10:52〜	13:21〜	15:40〜	17:36〜	19:06〜20:27
16日	20:24〜	21:43〜	23:16〜	01:13〜	03:33〜	06:00〜	08:24〜	10:48〜	13:17〜	15:36〜	17:32〜	19:02〜20:23
17日	20:20〜	21:39〜	23:12〜	01:09〜	03:29〜	05:56〜	08:20〜	10:44〜	13:13〜	15:32〜	17:28〜	18:58〜20:19
18日	20:16〜	21:35〜	23:08〜	01:05〜	03:25〜	05:52〜	08:16〜	10:40〜	13:09〜	15:28〜	17:24〜	18:54〜20:15
19日	20:12〜	21:31〜	23:04〜	01:01〜	03:21〜	05:48〜	08:12〜	10:36〜	13:05〜	15:24〜	17:20〜	18:50〜20:11
20日	20:08〜	21:27〜	23:00〜	00:57〜	03:17〜	05:44〜	08:08〜	10:32〜	13:01〜	15:20〜	17:16〜	18:46〜20:07
21日	20:04〜	21:23〜	22:56〜	00:53〜	03:13〜	05:40〜	08:04〜	10:28〜	12:57〜	15:16〜	17:12〜	18:42〜20:03
22日	20:00〜	21:19〜	22:52〜	00:49〜	03:09〜	05:36〜	08:00〜	10:24〜	12:53〜	15:12〜	17:08〜	18:38〜19:59
23日	19:56〜	21:15〜	22:48〜	00:45〜	03:05〜	05:32〜	07:56〜	10:20〜	12:49〜	15:08〜	17:04〜	18:34〜19:55
24日	19:52〜	21:11〜	22:44〜	00:41〜	03:01〜	05:27〜	07:52〜	10:16〜	12:45〜	15:04〜	17:00〜	18:30〜19:51
25日	19:48〜	21:07〜	22:40〜	00:37〜	02:57〜	05:23〜	07:48〜	10:12〜	12:41〜	15:00〜	16:56〜	18:26〜19:47
26日	19:44〜	21:03〜	22:36〜	00:33〜	02:53〜	05:19〜	07:44〜	10:08〜	12:37〜	14:56〜	16:52〜	18:22〜19:43
27日	19:40〜	20:59〜	22:32〜	00:29〜	02:49〜	05:15〜	07:40〜	10:04〜	12:33〜	14:52〜	16:48〜	18:18〜19:39
28日	19:36〜	20:55〜	22:28〜	00:25〜	02:45〜	05:11〜	07:36〜	10:00〜	12:29〜	14:48〜	16:44〜	18:14〜19:35
29日	19:32〜	20:51〜	22:24〜	00:21〜	02:41〜	05:07〜	07:32〜	09:56〜	12:25〜	14:44〜	16:40〜	18:10〜19:31
30日	19:28〜	20:47〜	22:20〜	00:17〜	02:37〜	05:03〜	07:28〜	09:52〜	12:21〜	14:40〜	16:36〜	18:06〜19:27
31日	19:24〜	20:43〜	22:16〜	00:13〜	02:33〜	04:59〜	07:24〜	09:48〜	12:17〜	14:36〜	16:32〜	18:02〜19:23

アセンダント早見表
〈9月〉

	おひつじ座	おうし座	ふたご座	かに座	しし座	おとめ座	てんびん座	さそり座	いて座	やぎ座	みずがめ座	うお座
1日	19:20~	20:39~	22:12~	00:09~	02:29~	04:55~	07:20~	09:44~	12:13~	14:32~	16:28~	17:58~19:19
2日	19:17~	20:36~	22:09~	00:06~	02:26~	04:52~	07:17~	09:41~	12:10~	14:29~	16:25~	17:55~19:16
3日	19:13~	20:32~	22:05~	00:02~	02:22~	04:48~	07:13~	09:37~	12:06~	14:25~	16:21~	17:51~19:12
4日	19:09~	20:28~	22:01~	23:58~	02:18~	04:44~	07:09~	09:33~	12:02~	14:21~	16:17~	17:47~19:08
5日	19:05~	20:24~	21:57~	23:54~	02:14~	04:40~	07:05~	09:29~	11:58~	14:17~	16:13~	17:43~19:04
6日	19:01~	20:20~	21:53~	23:50~	02:10~	04:36~	07:01~	09:25~	11:54~	14:13~	16:09~	17:39~19:00
7日	18:57~	20:16~	21:49~	23:46~	02:06~	04:32~	06:57~	09:21~	11:50~	14:09~	16:05~	17:35~18:56
8日	18:53~	20:12~	21:45~	23:42~	02:02~	04:28~	06:53~	09:17~	11:46~	14:05~	16:01~	17:31~18:52
9日	18:49~	20:08~	21:41~	23:38~	01:58~	04:24~	06:49~	09:13~	11:42~	14:01~	15:57~	17:27~18:48
10日	18:45~	20:04~	21:37~	23:34~	01:54~	04:20~	06:45~	09:09~	11:38~	13:57~	15:53~	17:23~18:44
11日	18:41~	20:00~	21:33~	23:30~	01:50~	04:16~	06:41~	09:05~	11:34~	13:53~	15:49~	17:19~18:40
12日	18:37~	19:56~	21:29~	23:26~	01:46~	04:12~	06:37~	09:01~	11:30~	13:49~	15:45~	17:15~18:36
13日	18:33~	19:52~	21:25~	23:22~	01:42~	04:08~	06:33~	08:57~	11:26~	13:45~	15:41~	17:11~18:32
14日	18:29~	19:48~	21:21~	23:18~	01:38~	04:04~	06:29~	08:53~	11:22~	13:41~	15:37~	17:07~18:28
15日	18:25~	19:44~	21:17~	23:14~	01:34~	04:00~	06:25~	08:49~	11:18~	13:37~	15:33~	17:03~18:24
16日	18:21~	19:40~	21:13~	23:10~	01:30~	03:56~	06:21~	08:45~	11:14~	13:33~	15:29~	16:59~18:20
17日	18:17~	19:36~	21:09~	23:06~	01:26~	03:52~	06:17~	08:41~	11:10~	13:29~	15:25~	16:55~18:16
18日	18:14~	19:33~	21:06~	23:03~	01:23~	03:49~	06:14~	08:38~	11:07~	13:26~	15:22~	16:52~18:13
19日	18:10~	19:29~	21:02~	22:59~	01:19~	03:45~	06:10~	08:34~	11:03~	13:22~	15:18~	16:48~18:09
20日	18:06~	19:25~	20:58~	22:55~	01:15~	03:41~	06:06~	08:30~	10:59~	13:18~	15:14~	16:44~18:05
21日	18:02~	19:21~	20:54~	22:51~	01:11~	03:37~	06:02~	08:26~	10:55~	13:14~	15:10~	16:40~18:01
22日	17:58~	19:17~	20:50~	22:47~	01:07~	03:33~	05:58~	08:22~	10:51~	13:10~	15:06~	16:36~17:57
23日	17:54~	19:13~	20:46~	22:43~	01:03~	03:29~	05:54~	08:18~	10:47~	13:06~	15:02~	16:32~17:53
24日	17:50~	19:09~	20:42~	22:39~	00:59~	03:26~	05:50~	08:14~	10:43~	13:02~	14:58~	16:28~17:49
25日	17:46~	19:05~	20:38~	22:35~	00:55~	03:22~	05:46~	08:10~	10:39~	12:58~	14:54~	16:24~17:45
26日	17:42~	19:01~	20:34~	22:31~	00:51~	03:18~	05:42~	08:06~	10:35~	12:54~	14:50~	16:20~17:41
27日	17:38~	18:57~	20:30~	22:27~	00:47~	03:14~	05:38~	08:02~	10:31~	12:50~	14:46~	16:16~17:37
28日	17:34~	18:53~	20:26~	22:23~	00:43~	03:10~	05:34~	07:58~	10:27~	12:46~	14:42~	16:12~17:33
29日	17:30~	18:49~	20:22~	22:19~	00:39~	03:06~	05:30~	07:54~	10:23~	12:42~	14:38~	16:08~17:29
30日	17:26~	18:45~	20:18~	22:15~	00:35~	03:02~	05:26~	07:50~	10:19~	12:38~	14:34~	16:04~17:25

アセンダント早見表
〈10月〉

	おひつじ座	おうし座	ふたご座	かに座	しし座	おとめ座	てんびん座	さそり座	いて座	やぎ座	みずがめ座	うお座
1日	17:22〜	18:41〜	20:14〜	22:11〜	00:31〜	02:58〜	05:22〜	07:46〜	10:15〜	12:34〜	14:30〜	16:00〜17:21
2日	17:18〜	18:37〜	20:10〜	22:07〜	00:27〜	02:54〜	05:18〜	07:42〜	10:11〜	12:30〜	14:26〜	15:56〜17:17
3日	17:14〜	18:33〜	20:06〜	22:03〜	00:23〜	02:50〜	05:14〜	07:38〜	10:07〜	12:26〜	14:22〜	15:52〜17:13
4日	17:10〜	18:29〜	20:02〜	21:59〜	00:19〜	02:46〜	05:10〜	07:34〜	10:03〜	12:22〜	14:18〜	15:48〜17:09
5日	17:07〜	18:26〜	19:59〜	21:56〜	00:16〜	02:43〜	05:07〜	07:31〜	10:00〜	12:19〜	14:15〜	15:45〜17:06
6日	17:03〜	18:22〜	19:55〜	21:52〜	00:12〜	02:39〜	05:03〜	07:27〜	09:56〜	12:15〜	14:11〜	15:41〜17:02
7日	16:59〜	18:18〜	19:51〜	21:48〜	00:08〜	02:35〜	04:59〜	07:23〜	09:52〜	12:11〜	14:07〜	15:37〜16:58
8日	16:55〜	18:14〜	19:47〜	21:44〜	00:04〜	02:31〜	04:55〜	07:19〜	09:48〜	12:07〜	14:03〜	15:33〜16:54
9日	16:51〜	18:10〜	19:43〜	21:40〜	00:00〜	02:27〜	04:51〜	07:15〜	09:44〜	12:03〜	13:59〜	15:29〜16:50
10日	16:47〜	18:06〜	19:39〜	21:36〜	23:56〜	02:23〜	04:47〜	07:11〜	09:40〜	11:59〜	13:55〜	15:25〜16:46
11日	16:43〜	18:02〜	19:35〜	21:32〜	23:52〜	02:19〜	04:43〜	07:07〜	09:36〜	11:55〜	13:51〜	15:21〜16:42
12日	16:39〜	17:58〜	19:31〜	21:28〜	23:48〜	02:15〜	04:39〜	07:03〜	09:32〜	11:51〜	13:47〜	15:17〜16:38
13日	16:35〜	17:54〜	19:27〜	21:24〜	23:44〜	02:11〜	04:35〜	06:59〜	09:28〜	11:47〜	13:43〜	15:13〜16:34
14日	16:31〜	17:50〜	19:23〜	21:20〜	23:40〜	02:07〜	04:31〜	06:55〜	09:24〜	11:43〜	13:39〜	15:09〜16:30
15日	16:27〜	17:46〜	19:19〜	21:16〜	23:36〜	02:03〜	04:27〜	06:51〜	09:20〜	11:39〜	13:35〜	15:05〜16:26
16日	16:23〜	17:42〜	19:15〜	21:12〜	23:32〜	01:59〜	04:23〜	06:47〜	09:16〜	11:35〜	13:31〜	15:01〜16:22
17日	16:19〜	17:38〜	19:11〜	21:08〜	23:28〜	01:55〜	04:19〜	06:43〜	09:12〜	11:31〜	13:27〜	14:57〜16:18
18日	16:15〜	17:34〜	19:09〜	21:04〜	23:24〜	01:51〜	04:15〜	06:39〜	09:08〜	11:27〜	13:23〜	14:53〜16:14
19日	16:11〜	17:30〜	19:05〜	21:00〜	23:20〜	01:47〜	04:11〜	06:35〜	09:04〜	11:23〜	13:19〜	14:49〜16:10
20日	16:07〜	17:26〜	19:01〜	20:56〜	23:16〜	01:43〜	04:07〜	06:31〜	09:00〜	11:19〜	13:15〜	14:45〜16:06
21日	16:03〜	17:22〜	18:57〜	20:52〜	23:12〜	01:39〜	04:03〜	06:27〜	08:56〜	11:15〜	13:11〜	14:41〜16:02
22日	15:59〜	17:18〜	18:53〜	20:48〜	23:08〜	01:35〜	03:59〜	06:23〜	08:52〜	11:11〜	13:06〜	14:37〜15:58
23日	15:56〜	17:15〜	18:50〜	20:45〜	23:05〜	01:31〜	03:56〜	06:20〜	08:48〜	11:08〜	13:03〜	14:34〜15:55
24日	15:52〜	17:11〜	18:44〜	20:41〜	23:01〜	01:28〜	03:52〜	06:16〜	08:45〜	11:04〜	13:00〜	14:30〜15:51
25日	15:48〜	17:07〜	18:40〜	20:37〜	22:57〜	01:24〜	03:48〜	06:12〜	08:41〜	11:00〜	12:56〜	14:26〜15:47
26日	15:44〜	17:03〜	18:36〜	20:33〜	22:53〜	01:20〜	03:44〜	06:08〜	08:37〜	10:56〜	12:52〜	14:22〜15:43
27日	15:40〜	16:59〜	18:32〜	20:29〜	22:49〜	01:16〜	03:40〜	06:04〜	08:33〜	10:52〜	12:48〜	14:18〜15:39
28日	15:36〜	16:55〜	18:28〜	20:25〜	22:45〜	01:12〜	03:36〜	06:00〜	08:29〜	10:48〜	12:44〜	14:14〜15:35
29日	15:32〜	16:51〜	18:24〜	20:21〜	22:41〜	01:08〜	03:32〜	05:56〜	08:25〜	10:44〜	12:40〜	14:10〜15:31
30日	15:28〜	16:47〜	18:20〜	20:17〜	22:37〜	01:04〜	03:28〜	05:52〜	08:21〜	10:40〜	12:36〜	14:06〜15:27
31日	15:24〜	16:43〜	18:16〜	20:13〜	22:33〜	01:00〜	03:24〜	05:48〜	08:17〜	10:36〜	12:32〜	14:02〜15:23

アセンダント早見表
〈11月〉

	おひつじ座	おうし座	ふたご座	かに座	しし座	おとめ座	てんびん座	さそり座	いて座	やぎ座	みずがめ座	うお座
1日	15:20~	16:39~	18:12~	20:09~	22:29~	00:56~	03:20~	05:44~	08:13~	10:32~	12:28~	13:58~15:19
2日	15:16~	16:35~	18:08~	20:05~	22:25~	00:52~	03:16~	05:40~	08:09~	10:28~	12:24~	13:54~15:15
3日	15:12~	16:31~	18:04~	20:01~	22:21~	00:48~	03:12~	05:36~	08:05~	10:24~	12:20~	13:50~15:11
4日	15:08~	16:27~	18:00~	19:57~	22:17~	00:44~	03:08~	05:32~	08:01~	10:20~	12:16~	13:46~15:07
5日	15:04~	16:23~	17:56~	19:53~	22:13~	00:40~	03:04~	05:28~	07:57~	10:16~	12:12~	13:42~15:03
6日	15:00~	16:19~	17:52~	19:49~	22:09~	00:36~	03:00~	05:24~	07:53~	10:12~	12:08~	13:38~14:59
7日	14:56~	16:15~	17:48~	19:45~	22:05~	00:32~	02:56~	05:20~	07:49~	10:08~	12:04~	13:34~14:55
8日	14:52~	16:11~	17:44~	19:41~	22:01~	00:28~	02:52~	05:16~	07:45~	10:04~	12:00~	13:30~14:51
9日	14:49~	16:08~	17:40~	19:38~	21:58~	00:25~	02:49~	05:13~	07:42~	10:01~	11:57~	13:27~14:48
10日	14:45~	16:04~	17:36~	19:34~	21:54~	00:21~	02:45~	05:09~	07:38~	09:57~	11:53~	13:23~14:44
11日	14:41~	16:00~	17:32~	19:30~	21:50~	00:17~	02:41~	05:05~	07:34~	09:53~	11:49~	13:19~14:40
12日	14:37~	15:56~	17:28~	19:26~	21:46~	00:13~	02:37~	05:01~	07:30~	09:49~	11:45~	13:15~14:36
13日	14:33~	15:52~	17:24~	19:22~	21:42~	00:09~	02:33~	04:57~	07:26~	09:45~	11:41~	13:11~14:32
14日	14:29~	15:48~	17:20~	19:18~	21:38~	00:05~	02:29~	04:53~	07:22~	09:40~	11:37~	13:07~14:28
15日	14:25~	15:44~	17:16~	19:14~	21:34~	00:01~	02:25~	04:49~	07:18~	09:37~	11:33~	13:03~14:24
16日	14:21~	15:40~	17:12~	19:10~	21:30~	23:57~	02:21~	04:45~	07:14~	09:33~	11:29~	12:59~14:20
17日	14:17~	15:36~	17:08~	19:06~	21:26~	23:53~	02:17~	04:41~	07:10~	09:29~	11:25~	12:55~14:16
18日	14:13~	15:32~	17:04~	19:02~	21:22~	23:49~	02:13~	04:37~	07:06~	09:25~	11:21~	12:51~14:12
19日	14:09~	15:28~	17:00~	18:58~	21:18~	23:45~	02:09~	04:33~	07:02~	09:21~	11:17~	12:47~14:08
20日	14:05~	15:24~	16:56~	18:54~	21:14~	23:41~	02:05~	04:29~	06:58~	09:17~	11:13~	12:43~14:04
21日	14:01~	15:20~	16:52~	18:50~	21:10~	23:37~	02:01~	04:25~	06:54~	09:13~	11:09~	12:39~14:00
22日	13:57~	15:16~	16:48~	18:46~	21:06~	23:33~	01:57~	04:21~	06:50~	09:09~	11:05~	12:35~13:56
23日	13:53~	15:12~	16:45~	18:42~	21:02~	23:29~	01:53~	04:17~	06:46~	09:05~	11:01~	12:31~13:52
24日	13:49~	15:08~	16:41~	18:38~	20:58~	23:25~	01:49~	04:13~	06:42~	09:01~	10:57~	12:27~13:48
25日	13:45~	15:04~	16:37~	18:34~	20:54~	23:21~	01:45~	04:09~	06:38~	08:57~	10:53~	12:23~13:44
26日	13:42~	15:01~	16:34~	18:31~	20:51~	23:18~	01:42~	04:06~	06:35~	08:54~	10:50~	12:20~13:41
27日	13:38~	14:57~	16:30~	18:27~	20:47~	23:14~	01:38~	04:02~	06:31~	08:50~	10:46~	12:16~13:37
28日	13:34~	14:53~	16:26~	18:23~	20:43~	23:10~	01:34~	03:58~	06:27~	08:46~	10:42~	12:12~13:33
29日	13:30~	14:49~	16:22~	18:19~	20:39~	23:06~	01:30~	03:54~	06:23~	08:42~	10:38~	12:08~13:29
30日	13:26~	14:45~	16:18~	18:15~	20:35~	23:02~	01:26~	03:50~	06:19~	08:38~	10:34~	12:04~13:25

アセンダント早見表
〈12月〉

	おひつじ座	おうし座	ふたご座	かに座	しし座	おとめ座	てんびん座	さそり座	いて座	やぎ座	みずがめ座	うお座
1日	13:22〜	14:41〜	16:12〜	18:11〜	20:31〜	22:58〜	01:22〜	03:46〜	06:15〜	08:34〜	10:30〜	12:00〜13:21
2日	13:18〜	14:37〜	16:08〜	18:07〜	20:27〜	22:54〜	01:18〜	03:42〜	06:11〜	08:30〜	10:26〜	11:56〜13:17
3日	13:14〜	14:33〜	16:04〜	18:03〜	20:23〜	22:50〜	01:14〜	03:38〜	06:07〜	08:28〜	10:22〜	11:52〜13:13
4日	13:10〜	14:29〜	16:00〜	17:59〜	20:19〜	22:46〜	01:10〜	03:34〜	06:03〜	08:24〜	10:18〜	11:48〜13:09
5日	13:06〜	14:25〜	15:56〜	17:55〜	20:15〜	22:42〜	01:06〜	03:30〜	05:59〜	08:20〜	10:14〜	11:44〜13:05
6日	13:02〜	14:21〜	15:52〜	17:51〜	20:11〜	22:38〜	01:02〜	03:28〜	05:55〜	08:16〜	10:10〜	11:40〜13:01
7日	12:58〜	14:17〜	15:48〜	17:47〜	20:07〜	22:34〜	00:58〜	03:24〜	05:51〜	08:12〜	10:06〜	11:36〜12:57
8日	12:54〜	14:13〜	15:44〜	17:43〜	20:03〜	22:30〜	00:54〜	03:20〜	05:47〜	08:08〜	10:02〜	11:32〜12:53
9日	12:50〜	14:09〜	15:40〜	17:39〜	19:59〜	22:26〜	00:50〜	03:16〜	05:43〜	08:04〜	09:58〜	11:28〜12:49
10日	12:46〜	14:05〜	15:36〜	17:35〜	19:55〜	22:22〜	00:46〜	03:12〜	05:39〜	08:00〜	09:54〜	11:24〜12:45
11日	12:42〜	14:01〜	15:32〜	17:31〜	19:51〜	22:18〜	00:42〜	03:08〜	05:35〜	07:56〜	09:50〜	11:20〜12:41
12日	12:38〜	13:57〜	15:28〜	17:27〜	19:47〜	22:14〜	00:38〜	03:04〜	05:31〜	07:52〜	09:46〜	11:16〜12:37
13日	12:34〜	13:53〜	15:24〜	17:23〜	19:43〜	22:10〜	00:34〜	03:00〜	05:27〜	07:48〜	09:42〜	11:12〜12:33
14日	12:31〜	13:50〜	15:20〜	17:20〜	19:40〜	22:07〜	00:31〜	02:57〜	05:24〜	07:45〜	09:39〜	11:09〜12:30
15日	12:27〜	13:46〜	15:16〜	17:16〜	19:36〜	22:03〜	00:27〜	02:53〜	05:20〜	07:41〜	09:35〜	11:05〜12:26
16日	12:23〜	13:42〜	15:13〜	17:12〜	19:32〜	21:59〜	00:23〜	02:49〜	05:16〜	07:37〜	09:31〜	11:01〜12:22
17日	12:19〜	13:38〜	15:09〜	17:08〜	19:28〜	21:55〜	00:19〜	02:45〜	05:12〜	07:33〜	09:27〜	10:57〜12:18
18日	12:15〜	13:34〜	15:05〜	17:04〜	19:24〜	21:51〜	00:15〜	02:41〜	05:08〜	07:29〜	09:23〜	10:53〜12:14
19日	12:11〜	13:30〜	15:01〜	17:00〜	19:20〜	21:47〜	00:11〜	02:37〜	05:04〜	07:25〜	09:19〜	10:49〜12:10
20日	12:07〜	13:26〜	14:57〜	16:56〜	19:16〜	21:43〜	00:07〜	02:33〜	05:00〜	07:21〜	09:15〜	10:45〜12:06
21日	12:03〜	13:22〜	14:53〜	16:52〜	19:12〜	21:39〜	00:03〜	02:29〜	04:56〜	07:17〜	09:11〜	10:41〜12:02
22日	11:59〜	13:18〜	14:49〜	16:48〜	19:08〜	21:35〜	23:59〜	02:23〜	04:52〜	07:11〜	09:07〜	10:37〜11:58
23日	11:55〜	13:14〜	14:47〜	16:44〜	19:04〜	21:31〜	23:55〜	02:19〜	04:48〜	07:07〜	09:03〜	10:33〜11:54
24日	11:51〜	13:10〜	14:43〜	16:40〜	19:00〜	21:27〜	23:51〜	02:15〜	04:44〜	07:03〜	08:59〜	10:29〜11:50
25日	11:47〜	13:06〜	14:39〜	16:36〜	18:56〜	21:23〜	23:47〜	02:11〜	04:40〜	06:59〜	08:55〜	10:25〜11:46
26日	11:43〜	13:02〜	14:35〜	16:32〜	18:52〜	21:19〜	23:43〜	02:07〜	04:36〜	06:55〜	08:51〜	10:21〜11:42
27日	11:39〜	12:58〜	14:31〜	16:28〜	18:48〜	21:15〜	23:39〜	02:03〜	04:32〜	06:51〜	08:47〜	10:17〜11:38
28日	11:35〜	12:54〜	14:27〜	16:24〜	18:44〜	21:11〜	23:35〜	01:59〜	04:28〜	06:47〜	08:43〜	10:13〜11:34
29日	11:31〜	12:50〜	14:23〜	16:20〜	18:40〜	21:07〜	23:31〜	01:55〜	04:24〜	06:43〜	08:39〜	10:09〜11:30
30日	11:27〜	12:46〜	14:19〜	16:16〜	18:36〜	21:03〜	23:27〜	01:51〜	04:20〜	06:39〜	08:35〜	10:03〜11:26
31日	11:24〜	12:43〜	14:16〜	16:13〜	18:33〜	21:00〜	23:24〜	01:48〜	04:17〜	06:36〜	08:32〜	10:00〜11:23

3/21〜4/19生まれ
おひつじ座の生きかた

第1ハウス

いつもトップをきって行動するあなた。たとえ結果がでなくても、自分を信じてまっすぐつきすすもう。興味をひくものに出合ったら、自分から積極的にむきあってみて。持ち前のパイオニア精神をつらぬけば、人生は切りひらかれるはず。

第2ハウス

自分の信念をつらぬこうとする人。一度決めたら、なかなか考えをかえないガンコなところも。ビジネスでは成功するチャンスがありそう。恋愛では独占欲が強く、ひとりの人を愛しつづける一途なタイプ。でも、相手を束縛しすぎないように注意して。

第3ハウス

自分の意見をまとめることが得意なあなたは、旺盛な好奇心と正義感がパワーの源。ユーモアのある会話でみんなを楽しませることもできそう。才能をみがけば、マスコミ関係の仕事で活躍できるかも。ゴシップマニアにならないように気をつけて。

第4ハウス

ふだんはひかえめだけど、エネルギーと情熱を内にひめているあなた。仲間思いなので、家族などのような小さなグループのなかで力を発揮しそう。インテリア関係の仕事がむいているかも。ちょっと気分にムラがあるので、感情をうまくコントロールしよう。

第5ハウス

明るくオープンな性格のあなたは、自分のやりたいように行動するおおらかさが魅力。でも、わがままで子どもっぽいとみられることもありそう。恋多きタイプで、たくさんの恋を経験するけど、すなおすぎる性格のため、恋愛テクニックに欠けるかも。

第6ハウス

負けずぎらいで潔癖主義の人。自分にきびしく、努力をおしまないので、仕事でも成功しそう。でも、期待にこたえようとがんばりすぎてしまうことも。疲れたときは、リラックスタイムをつくろう。ヨガなどで体を動かすと充実した毎日になるかも。

第7ハウス

自分が人からどうみられているか、とても敏感なあなた。人づきあいのバランス感覚にすぐれているので、仕事では仲介役や交渉役として活躍できそう。人を美しくみせることにも興味があるので、ファッション関係の仕事につくのもよいかも。

第8ハウス

深い感受性の持ち主。怒ったり悲しんだり、感情の波がはげしいのは、あなたの感受性のあらわれ。深い心で人をいやしたり、元気づけたりすることができるはず。一方で、だれかと深くかかわりたいという思いも強そう。心をゆるせる友だちをみつけよう。

第9ハウス

高い理想と向上心をもつ人。ドラマチックな人生を夢みていて、一か所にしばりつけられるのをきらうタイプ。ひとり旅を楽しみ、語学の才能があるので、海外で活躍することもあるかも。ただし、あきっぽいところがあるので、責任感をもつことが課題。

第10ハウス

思ったことがストレートに顔にでるあなた。やりたいことがはっきりしていて、リーダーシップがあるので、人を指導する立場になりそう。真剣に仲間をまもるやさしさも人気のひとつ。ただし、感情的になってしまうと、ワンマンだと非難されるおそれも。

第11ハウス

友だちやネットワークをつくるのに熱心なあなた。議論好きで自分の意見をはっきりというさっぱりした性格が好印象。頭の回転がはやく、話題が豊富なので、たくさんの友だちにめぐまれそう。大切な仲間たちのなかで、自分をみがいていこう。

第12ハウス

表むきはおだやかそうにみえて、じつは内にはげしさをひめた人。自分の本音に耳をかたむけてみることが大事。繊細な感受性とすぐれたセンスをもっているので、ハンドメイドの製品づくりなどで才能を発揮しそう。自分のかくれた能力をみつけだそう。

4/20〜5/20生まれ おうし座の生きかた

第1ハウス

一見おだやかそうにみえて、じつはとても芯の強い人。人あたりはソフトでも、いいたいことはしっかりいうタイプで、仕事も恋人も自分でじっくり考えて選ぶはず。自分を表現できる場がないとストレスがたまるので、趣味や特技を身につけよう。

第2ハウス

安定をもとめたがる現実主義者のあなた。お金やものへのこだわりが強く、ものの価値をみぬく才能がありそう。でも、手にいれたものをなかなか手ばなすことができず、そのことがストレスになることも。身軽でいることを心がけて。

第3ハウス

知的で好奇心が強いあなたは、ひとつの物事にじっくりとりくむタイプ。美術品や工芸品の鑑賞が好きで、まだみたこともないものへの興味も旺盛。恋愛では、言葉で気持ちを伝えあうことをのぞむので、言葉がふたりの愛をはぐくむカギとなりそう。

第4ハウス

自分が心からリラックスできる場所を何よりもとめるタイプ。緑ゆたかな自然を愛し、そうした環境をつくることに力をそそぎそう。山や森へでかければ、エネルギーをあたえてくれるはず。おだやかで落ちついた家庭をきずくことが人生の目標になりそう。

第5ハウス

すぐれた芸術的感性の持ち主。アートの才能があるので、絵や彫刻、陶芸などをはじめてみるとよいかも。恋愛には真剣で浮気はゆるさない。ゆるぎない愛情をもとめて、ひとりの人を愛そうとするはず。キズつくことをおそれて、ひかえめになってしまう傾向も。

第6ハウス

相手をいやすヒーリングの能力にすぐれたあなたは、自分に必要な休息や栄養が自然に感じとれる人でもある。アロマテラピーを活用したり、有機栽培の野菜をとりいれた食事をとったりすれば、成果があがるかも。体力はあるけど、がんばりすぎに注意して。

第7ハウス

ちょっと内気で人づきあいが苦手なあなただけど、したしい人なら、あなたのよさをわかってくれるはず。多くの人たちとではなく、あなたのことを真剣に考えてくれる人とつきあうことが幸せになるポイント。おだやかで幸せな結婚生活がおくれる予感も。

第8ハウス

こだわりが強く、自分の世界観をもっている人。なんでも器用にこなすほうではないけど、仕事や恋愛でも、じっくりとりくめば、いい結果が得られそう。カラにとじこもらず、心を自由にときはなてば、人生が充実するはず。恋人を束縛しないようにしよう。

第9ハウス

　高い理想と強い好奇心をもつあなた。流行に流されず、本当に美しいものや価値のあるものを追いもとめるタイプ。自分を成長させようとする向上心をもっているけど、冒険することは少なく、着実にレベルアップする道を選ぶ堅実なところがあるかも。

第10ハウス

　社会での成功をねがう強い野心の持ち主。住みたい家ややりたい仕事などの夢がもてたら、目標にむかって着実に努力をするタイプ。安定感がでてくれば、リーダーに選ばれることも多いはず。ただし、自信がないと、お金やブランドにたよりがちに。

第11ハウス

　友だちを大切にする人。たくさんの友だちにかこまれるのではなく、気心の知れた仲間とつきあいそう。趣味をつうじた友だちが多いのが特徴かも。仲間内の世界にとじこもってしまう可能性もあるので、いろんなタイプの人とつきあってみよう。

第12ハウス

　軽そうにみえて、じつはしっかりした自分の考えをもっているあなた。世間に流されない意志の強さは、ときには、自分の考えをかえないガンコ者に思われてしまうことも。好きなことに夢中になりすぎてしまう傾向があるので、何を楽しみとするかは重要。

5/21〜6/21生まれ ふたご座の生きかた

第1ハウス

知的で陽気な人。自分のアイデアや考えを伝えることによろこびを感じるタイプ。あなたの発言が注目の的になったり、ふとしたきっかけで人生が切りひらかれたりするかも。マスコミ関係の世界で成功する可能性も。あまり神経質にならないように。

第2ハウス

自分にとって何が重要なのかをすぐにみきわめられるかしこさの持ち主。さまざまな情報をこまめにチェックするあなたは、商売の世界で成功できるはず。ふだんは落ちついたタイプにみえるけど、買い物などでは、つい夢中になってしまうことも。

第3ハウス

さっぱりした性格で、正義感が強く、あいまいな考えかたをゆるさないあなた。するどい知性から、切れ者として周囲から一目おかれているはず。はっきりと意見をいうため、敵をつくってしまうこともありそう。しかし、情に動かされやすい一面も。

第4ハウス

感情と理性のあいだでゆれ動く人。やさしそうにみえるので、人にあまえられることがあるけど、じつは苦手。でも、まわりからの人気は高いはず。ふんいきにのまれやすく、誘惑にも弱いので、自分の意志をつらぬくことが大事。自由な人間関係をきずこう。

第5ハウス

人生を楽しむ才能にめぐまれた人で、何ものにもしばられない自由な生きかたをもとめるタイプ。映画や芸術など、知的なことに興味がむかいそう。恋愛でのぞむのは、相手と対等に話せる関係。いろんな話をして、おたがいをより高めようとするはず。

第6ハウス

実務能力にすぐれた人。効率的な方法を考えて作業をするので、社会にでてはたらくようになったら、とてもたよりにされるはず。でも、人にしたがって行動することが多そう。人生をゆたかにするには、ときには自分がリーダーシップをとることも必要。

第7ハウス

つきあいの幅が広く、いつもいそがしく走りまわっている人。落ちつきのない印象をあたえるけど、いそがしいときのほうが調子がいいはず。旅先で重要な出会いがまっていそう。恋愛は浮気性なところがあるかも。自分をしっかりみつめる時間をもって。

第8ハウス

物事の本質をみぬく力と推理する力にすぐれた人。精神分析、推理小説、占い、考古学などに興味があり、専門性の高い学問の世界で活躍できるかも。深く考えすぎる傾向があるので、リラックスを心がけて。考えすぎて失敗することのないように。

第9ハウス

知的で品性のある人。物事を大きな視点でとらえる広い心の持ち主。上品なマナーが自然に身についているので、海外で注目されるかも。とくに語学の才能があるので、翻訳や通訳の仕事で活躍しそう。つねに向上心をもつことが成功へのカギ。

第10ハウス

言葉の表現力がゆたかなあなた。分析力も高く、気配りができるので、世間を器用にわたっていくはず。商売のセンスがあり、仕事も成功しそう。ただし、あきっぽいところがあるので、注意が必要。最後まであきらめないでチャレンジすることが大事。

第11ハウス

チャーミングでかわいらしいあなた。たくさんの友だちにめぐまれ、リーダーシップを発揮しそう。自分を表現する能力にすぐれ、ユーモアのセンスもある。調子にのると、相手をキズつけるようなことをいってしまうかも。言葉づかいには注意して。

第12ハウス

人の気持ちがわかる思いやり深い性格。やさしさとこまやかな気づかいで、相手から信頼を得ることができるので、カウンセラーやセラピストなどの仕事で成功が期待できそう。ただし、自分のなかの感情的な部分と理性的な部分の対立に悩むことも。

6/22〜7/22生まれ
かに座の生きかた

第1ハウス

気どらない性格が魅力のあなた。思ったことをストレートに口にだしてしまって失敗することがあっても、なぜかゆるされる愛されキャラ。じつは気分屋の一面も。せまい世界にとじこもらず、未知の世界にとびだしていけば、人生がゆたかになるかも。

第2ハウス

物事を慎重に考える人。自分の経験やルーツを大事にするタイプ。親からうけついだものや思い出があなたの価値観に大きな影響をあたえることも。でも、あまり過去にとらわれすぎないで。未来の自分のために、自分だけの大切なものをみつけよう。

第3ハウス

好奇心にあふれた器用なタイプ。記憶力がよく、知識も豊富。人との連絡はマメで、自然にグループの中心人物になっているはず。興味の対象がよくかわるので、一貫性に欠ける面がありそう。腰をすえ、落ちついてとりくむことがあってもいいかも。

第4ハウス

家庭や自分のホームグラウンドを大事にする人。自分や家族、友だちなどがリラックスできる場所をつくることが大切だと思っているタイプ。そうした場所をつくるために仕事をがんばるはず。あなたが中心となって、あたたかな人間関係をつくってみては？

第5ハウス

子どもやペットが好きで、プライベートな時間を大切にする人。人生のよろこびがお金や仕事ではなく、プライベートの充実にあると考えるタイプ。芸能情報に関心が高く、アイドルやタレントなどのファン活動も積極的。趣味を思いっきり楽しみそう。

第6ハウス

深く繊細な感受性が魅力のあなた。ストレスに気がつかないまま、暴飲暴食などをしてしまうことがあるので要注意。セラピストや鍼灸師、エステティシャンにむいていて、あなたのこまやかな気づかいがいかせるはず。消化器系の病気には気をつけよう。

第7ハウス

人との信頼関係を大切にする人。見た目はかたくみえるけど、じつは、人なつっこくて誠実なタイプ。結婚への強いあこがれがあり、パートナーさがしに真剣になりそう。周囲の評判を気にしすぎるところがあるので、自分の意志を強くもって。

第8ハウス

洞察力にすぐれ、人の気持ちを思いやることのできるあなた。ふつうの人では気づけない場の空気や、相手の感情を敏感に察知することができるので、知らないうちに人の相談役になっていることも。客観性をわすれて、カンや思いこみにたよりすぎないように。

第9ハウス

　夢みるロマンチストなあなた。遠いところへのあこがれが強く、神秘的なことや哲学などにも関心があるはず。海外にでることもあるかも。自分にないものを積極的にとりいれようとするタイプなので、じっくり時間をかけて自分をみがいていこう。

第10ハウス

　さまざまな分野に興味があり、行動力にもめぐまれたあなた。多くの人にささえられて、仕事や社会的な活動をすることになりそう。いろいろなタイプの人と交流することが成功へのチャンスになるかも。商才があるので、ビジネスの世界で活躍できるはず。

第11ハウス

　人間関係を大事にする人。繊細な感覚をもつタイプなので、自分にあわないきびしい環境では、ストレスをためこんでしまいそう。心をゆるせる仲間をつくることが大事。ホームパーティーをひらいたり、なじみの店にかよったりするのもよいかも。

第12ハウス

　明るくはなやかな面と繊細な面をあわせもった人。いつも明るいので、悩みがないようにみられがち。ドラマチックな人生にあこがれるあまり、悲劇のヒロインぶってしまうことも。冷静になって自分を客観的にみつめれば、人生がよい方向へすすむはず。

7/23～8/22生まれ
しし座の生きかた

第1ハウス

自分の力で人生を切りひらこうとする前むきな人。プライドが高く、押しも強いので、強引に世にでようとするところも。人から注目されたいタイプなので、ひとりになると弱気になることもありそう。時間をかけて真の強さを身につけていこう。

第2ハウス

自分をステップアップさせるためには、お金をおしまないタイプ。まわりからぜいたくだとか浪費だとか思われても、本当に必要と考えるなら堂どうと使おう。自分にとって何が必要で何が不必要かじっくり考えることで、人生が充実してくるはず。

第3ハウス

好奇心が旺盛で、話好きなあなた。でも、話題が豊富にあっても、うんちくばかりだとイヤミな人と思われてしまうので気をつけよう。自分らしいアイデアをうみだすことで、人生が前にすすむかも。マスコミや旅行関係の仕事がむいていそう。

第4ハウス

自分のホームグラウンドや家族にほこりをもつ人。社会的な地位や仕事よりも、プライベートを充実させようとするタイプ。したしい仲間といっしょに、楽しみをみつける生きかたを選びそう。ただ、お人よしの面もあるので、冷静に人をみることも必要。

第5ハウス

「人生は楽しむためにある」と考えるあなた。アートなどのクリエイティブなことで自分を表現するタイプ。演劇に関心をもつかも。情熱にあふれ、冒険好きなので、平凡な毎日は苦手に感じることも。いろんなことに積極的にチャレンジしそう。

第6ハウス

まじめさと明るさをもつ人。地味な仕事や目立たない裏方役をひきうける縁の下の力持ち。人にサービスをすることによろこびを感じるあなたに、感謝をしている人は多いはず。繊細さと大胆さをかねそなえているので、意外な場面で力を発揮することも。

第7ハウス

あなたには、自分の個性をひきだしてくれるパートナーが必要。実際、存在感のある魅力的な友だちがまわりには多いはず。友だちとたがいに高めあおう。人生は結婚によって大きく変化するかも。相手を選ぶときは、いきおいで決めたりせず慎重に。

第8ハウス

まじめで慎重な印象をあたえる人。忠誠心があり、義理や人情にあつい古風なタイプ。年長者から、さまざまなサポートがあるかも。でも、慎重なあまり、思ったことを表にださない面もありそう。人とは時間をかけてゆっくりつきあおう。

第9ハウス

のびのびした心をもつ正直な人で、内に明るさをひめたタイプ。自分のもとめるものをストレートにさがそうとするはず。旅行が好きで、旅先では幸運にめぐまれることが多いかも。哲学や宗教への関心が高く、精神的な世界へのあこがれもありそう。

第10ハウス

社会的な地位の高さに強いあこがれをもつ人。地位と権力を得るためには努力をおしまないタイプ。はなやかで強運の持ち主にみられがちだけど、裏では大変な努力をしているはず。人に対して支配的になったり、束縛したりする傾向があるので注意しよう。

第11ハウス

ユニークで明るい友だちにめぐまれたあなた。人とのつながりから、人生の幸運が舞いこんでくるかも。よろこびや楽しみを人とわかちあおうとするので、あなたのまわりには自然に人が集まってくるはず。八方美人やミエっぱりにならないように。

第12ハウス

裏の顔と表の顔がある二面性の持ち主。目立ちたくないといいながらも、内心ではもっと目立ちたいと思っていることも。外にみせる顔と、プライベートでの顔を器用に使いわけていきそう。自分のなかにある本心を正直にみとめることが大事。

8/23～9/22生まれ おとめ座の生きかた

第1ハウス

礼儀正しく明るい人。まがったことがきらいで、すじをとおし、義理をおもんじるので、約束はまもるタイプ。まじめにくらせば、運が味方すると考えているところも。でも、自分の生きかたにこだわるあまり、他人にきびしすぎる面もあるので気をつけよう。

第2ハウス

自分の価値観をしっかりもっている人。金銭感覚にすぐれ、買い物じょうずなあなたは、むだなものは買わないタイプ。でも、自分のセンスや生きかたに自信がもてないと、ブランド品にたよってしまう傾向がありそう。大人のバランス感覚を身につけて。

第3ハウス

情緒的な面とクールで計算高い面をあわせもつ人。二面性をうまくコントロールすれば、こまやかな気づかいで人に感謝されそう。でも、ときには、よけいなおせっかいと思われることも。わかいときは、あまり先まわりして考えすぎないように。

第4ハウス

自分の居場所や家庭の充実と安定をねがうあなたは、家はこうあるべきという、しっかりした考えの持ち主。でも、頭がかたいわけではなく、柔軟な発想力があって、頭の回転がはやく、応用力もあるはず。ちょっと落ちつきのないところが欠点かも。

第5ハウス

快楽主義者で明るいあなただけど、反面で「遊ぶなら、はたらかなければいけない」という義務感も感じているはず。頭を使った遊びが好きで、テレビゲームやチェスが得意。ガーデニングなどを趣味にして、緑にしたしむとよいかも。リラックスして人生を楽しもう。

第6ハウス

豪快そうにみえて、じつはキズつきやすく、デリケートな心の持ち主。顔は笑っていても、ストレスで胃が痛いということも。心にゆとりができ、落ちついてくれば、リーダーシップを発揮しそう。健康への関心が高く、セラピーや自然食に興味があるかも。

第7ハウス

人の痛みがわかるデリケートな感受性の持ち主。人の痛みを自分のことのように感じてしまうので、距離をおいたつきあいかたをする傾向があるかも。心が安定すれば、やさしい気持ちになれるはず。占いやセラピーなどの仕事で才能を発揮しそう。

第8ハウス

ちょっと理屈っぽいところや、人とかわったところがあるあなた。物事を合理的に考え、冷静に分析するタイプだけど、あつかいづらい人と思われることも。マニアックな世界で才能を発揮するので、自分の好きなことをどんどん追求していこう。

第9ハウス

変化の多い人生を歩みそう。繊細さと大胆さをあわせもつあなたは、自分の理想がみつかれば、それにむかって一直線にむかっていくタイプ。世の中をわたっていくたくましさや、図太さには少し欠けるかも。宗教や哲学、音楽、教育などに興味をもちそう。

第10ハウス

柔軟な考えをもち、環境にとけこむ力のある人。がむしゃらにがんばるというよりは、流れにのってうまく出世をしていくほうかも。文章を書く才能があるので、出版、放送などの分野で活躍することも。腰をすえて何かをやりとげる根気をみがこう。

第11ハウス

友だち思いで、多くの仲間と楽しくつきあえるあなた。よい影響や刺激をあたえてくれる人にめぐまれそう。物事にのめりこみやすい性格なので、ストレスを発散することが大事。自分が思っている以上に多才なので、さまざまなことにチャレンジしてみて。

第12ハウス

人間関係を大事に考え、自分をどうみせるかに気をつかう人。繊細で気むずかしいところがあるので、ひとりで悩むことも多いかも。美への関心が高いので、絵画制作や音楽鑑賞などがやすらぎをあたえてくれるはず。ひとりの時間があなたをゆたかにしそう。

9/23〜10/23生まれ
てんびん座の生きかた

第1ハウス

明るくて、人とのバランス感覚にすぐれたあなたは、自分らしさを表現することの大切さを知っている人。でも、人からのねたみや中傷にキズつくことがあるかも。わかいうちは失敗するのがあたりまえなので、あせらず、じっくりと自分らしさを育てよう。

第2ハウス

ひっこみ思案で繊細なタイプ。人前にでるのが苦手で、いつも遠慮がち。ひかえめなところはいいけど、たまには自己主張するのも大事。手先が器用でセンスもあるので、クラフトの仕事がむいているかも。お金にルーズな面があるので注意しよう。

第3ハウス

頭の回転がはやく、いろんなものへの好奇心が強い人。はなやかな存在感があり、話もうまいので、自然とグループの中心になっているはず。言葉やファッションのセンスがありそう。ただ、地道な努力は苦手なので、長くつづけられる趣味をもとう。

第4ハウス

少し落ちつきはないけど、温和でしたしみやすい人。そのため、いっしょにいる人の気持ちをリラックスさせるはず。ピンチに弱く、ちょっとあまえん坊のところがあるかも。住まいに対するセンスがあり、結婚や家庭へのあこがれが強そう。

第5ハウス

　人生を楽しむパワーにあふれた人。知的な仲間と楽しく遊んだり、美しいものをみたりして自分を高めるタイプ。はたらくことよりも、楽しいくらしに生きがいをみいだし、趣味のアート作品づくりがプロ並みになることも。社会の荒波に負けないように。

第6ハウス

　おっとりしたのんびり屋で、いつでもマイペースをつらぬくタイプ。おだやかな性格から、いっしょにいる人を安心させる面も。あまいものを食べすぎたり、体をなまらせたりしがちなので、節制や運動を心がけて。わかいうちから自制心をやしなうことが大事。

第7ハウス

　自己主張が強いようにみられがちだけど、じつは相手のことを考えるやさしい人。思いやりのあるリーダーになれるはず。あなたの人生は、結婚相手によって、がらりとかわるかも。よいパートナーと出会うことができれば、自分の夢もかないそう。

第8ハウス

　人につくすやさしいタイプ。自分よりも相手を優先するあなたは、損な役まわりになることも。ロマンチックな世界にあこがれをもっていて、芸術的な才能にめぐまれていそう。恋人には優雅さをもとめていて、やさしい人とむすばれたいとねがっているはず。

第9ハウス

聡明で落ちついた人。物事へのこだわりはあまり強くないタイプ。旅や読書を愛し、幅広い知識を吸収して人生を謳歌しそう。でも、自分の気持ちをあらわすのがちょっと苦手。とくに恋愛では、ふだんとはちがう自分の心の動きにとまどうことも。

第10ハウス

人をひっぱる統率力とバランス感覚にすぐれた人。努力をつづける根気と、人間関係を調整する力をもっているので、リーダーの素質があるはず。でも、人生に対して、うけ身のままでは能力は発揮できないので、自分から積極的に行動することが大事。

第11ハウス

明るくさっぱりとした印象のあなた。たくましい行動力で、たくさんの友だちができそう。あなたにとって大事なことは、いろんなタイプの人とつきあうこと。旅先での出会いもありそう。海外に縁が深くなり、貿易関係の仕事などにかかわるかも。

第12ハウス

人とのつきあいに慎重なあなた。もっと深くかかわりたいのに、慎重な性格から、なかなか距離をちぢめられないことも。一度にたくさん友だちをつくるのではなく、ひとりひとりとじっくりつきあおう。友情や愛情が深まれば、きっと長くつきあえるはず。

10/24〜11/22生まれ さそり座の生きかた

第1ハウス

カリスマ性のあるパワフルな人。ふだんは情にあつい性格だけど、家族や仲間をまもるために徹底して攻撃的になることも。何かをとことん追求しようとするパワーを内にひめたタイプ。一生かけてとりくめるテーマをみつけることが、人生を充実させるカギ。

第2ハウス

おだやかな上品さの下に力強い意志をひめた人。ほしいものを手にいれるためには手段を選ばないという、はげしい一面も。質の高いものや本物をみきわめるたしかな目をもつかも。自分のなかにはっきりした価値観がもてれば、ゆたかな人生をおくれるはず。

第3ハウス

人一倍強い探究心の持ち主。関心のあることには、なんでも顔をだし、徹底して調べたり追究したりするはず。そのため、人の秘密を知ってしまうこともあるかも。こまかい作業をこなすのが得意なので、研究職や、調査・分析・医学などの分野で活躍できそう。

第4ハウス

はなやかな見た目の印象とは裏腹に、じつは内向的で物事をじっくり考える性格のあなた。自分が心からリラックスできる場所をもつことが大事。友だちとの関係も、多くの人と浅く広くつきあうのではなく、少人数と深いつきあいをすることになりそう。

第5ハウス

非常にユニークな才能をもった人。まわりからはふしぎな存在だと思われていて、あなたの言葉や行動は、周囲の人を自然とひきつけているはず。相手の心に切りこむような言葉を使うことも。趣味をもっていたら、人の評判を気にしないでつづけよう。

第6ハウス

繊細かつ大胆な人。こまかいところによく気がつき、実務能力も高いタイプ。医者やセラピー関係で才能を発揮し、なかでも、マッサージや漢方の分野で能力が花ひらく可能性も。ただ、まじめな性格なので、ストレスをためこまないように注意して。

第7ハウス

温厚そうにみえて、じつはうたがい深いあなた。相手をじっくり観察し、敵か味方かをみわけようとすることも。もう少しおおらかな気持ちをもって。食べ物や住居にこだわりがありそう。心をゆるせるパートナーとの出会いが人生をゆたかなものにするはず。

第8ハウス

バイタリティーにあふれた人。スタミナがみなぎり、興味のあることは全力で追いもとめるタイプ。内にひめた大きなパワーをどういかすかが、人生をかがやかせるカギとなるはず。人まかせにしないで、自分の道は自分で切りひらいていこう。

第9ハウス

　精神世界や外国へのあこがれが強いあなたは、ふしぎでミステリアスなタイプ。変化のない毎日ではみたされず、ふしぎなことや人生の意味を追いもとめそう。放浪の旅にでかけるなんてこともあるかも。宗教や占いへの関心が高い一方、現実的な一面も。

第10ハウス

　外見はさっぱりとした人にみえるけど、じつは物事にこだわりが強い人。野心家で人情にもあついタイプ。ねばり強くがんばることもできるので、ガンコさをプラスにいかせば成功できるはず。でも、あまり強引すぎると誤解をまねくので要注意。

第11ハウス

　思いを内にひめた人。自分の目標にむかって努力をつづけるので、スタートがおそくなっても大きなことをなしとげそう。自分のペースですすもう。個性的な友だちとの出会いで、人生が大きくかわることがあるかも。信頼できる本当の友だちは大切に。

第12ハウス

　あけっぴろげにみえて、じつは心の奥底に秘密をもっているタイプ。過去に負った心のキズが、あなたを強く成長させることにつながるかも。世間から自由になりたいと思う一方、宇宙や人の心理など、神秘的で広大な世界に興味をもちそう。

11/23～12/21生まれ いて座の生きかた

第1ハウス

のびやかで明るい人。こまかいことにこだわらない、おっとりした性格の持ち主。自分の目標にまっすぐむかっていくけど、うっかりミスが多いので注意して。いっしょにいると楽しい人と思われることが多いかも。行動範囲を広げれば、人生がゆたかに。

第2ハウス

暗い性格のようにみえて、本当は明るくのびやかなあなた。自分の価値観や持ち物に独自のこだわりがあるはず。いろんなことにチャレンジし、中途半端なことはしない。探究心が強く、精神世界や宗教に興味がわくかも。株式投資に関心をもつことも。

第3ハウス

さまざまな情報を集める能力にすぐれた人。頭の回転がはやく、客観的に物事を判断できるので、企画やアイデアをいかせるマスコミ関係の仕事がむいているかも。すなおな性格なので、人の信頼も得るはず。知性にみがきをかけるのが人生のテーマ。

第4ハウス

自分がリラックスできる場所にこだわりのある人で、ガーデニングをしたり、ペットとふれあったりして、住まいでの生活に楽しみをみいだすタイプ。社会で成功しようという意欲はうすいかも。晩年は、ゆたかな自然にかこまれてくらすのがよさそう。

第5ハウス

とても明るい性格の持ち主。行動力もあり、あなたがくるとパッと場が明るくなるようなオーラがあるかも。積極的なタイプなので、ずうずうしいと思われることもあるけど、気にせずに自分の道をすすもう。前むきに生きることが人生を切りひらくカギ。

第6ハウス

繊細な感受性をもつあなたは、人の話をすべて真にうけて悩むことも。ストレスが体にあらわれるタイプなので要注意。きちょうめんで責任感が強いので、人からは信頼を得るはず。環境がかわってもすぐになじめそう。ヒーリング系の仕事がむいてるかも。

第7ハウス

さまざまな人と幅広くつきあっていける人。人とふれあうことが好きで、コミュニケーション能力も高いので、広い世界で活躍できるはず。出会った人たちがあなたの財産になるので、連絡はマメに。積極的に旅にでかけて、経験や知識を得よう。

第8ハウス

五感にすぐれた人で、空想の世界ではなく、現実的な世界をみつめるタイプ。おいしい食事や外国の料理を楽しみたいという人がいるかも。物事を深く考え、分析するところがあるので、歴史や心理学の分野に関心をもつこともありそう。

第9ハウス

チャレンジ精神と冒険心にあふれ、スポーツとスリルを愛する人が多そう。人がやっていないことや、自分にしかできないものを心のどこかでさがしているはず。海外に強い関心があるので、実際にでかけることになりそう。独立して事業をおこすかも。

第10ハウス

野心が強く、自分のセンスで人生をきずこうとするあなた。独自の方法で道を切りひらいていくはず。社会に対する理想も高く、ボランティアやエコ活動に関心があり、その方面の仕事につくことも。ちょっとあきっぽいところがウイークポイント。

第11ハウス

友情にあつく、友だちの個性をみとめるあなたは、さまざまなタイプの人と仲よくできるはず。ユニークな才能をもった多くの友だちにめぐまれるかも。でも、平等意識が強すぎるので、会社などでは、人間関係に苦労することもありそう。

第12ハウス

まじめで古風なようにみえて、自由奔放さを内にひめたタイプ。そのギャップがあなたの魅力のひとつ。かたくるしい毎日がつづいたときは、心の羽をのばして息ぬきをして。直感力がすぐれているので、自分のカンがよい方向にみちびいてくれることも。

12/22〜1/19生まれ やぎ座の生きかた

第1ハウス

強いパワーをひめた人。目立たない印象をあたえるけど、じつは胸に野心をいだいているタイプ。期待されることも多く、社会にでて、リーダーシップを発揮したいと思っているはず。はやいうちから自分の得意分野をみつけて、社会にむけて発信しよう。

第2ハウス

のんびりとおだやかそうにみえて、じつは現実的な感覚をもつ人。自分が何をすべきか本能的にわかっていて、行動力と持続力にもめぐまれている。むだづかいをすることなく、お金の管理もうまいはず。おこづかい帳をしっかりつけて。

第3ハウス

しずかで神秘的なふんいきのあなた。でも、現実的な感覚もあり、知識を吸収する才能にもめぐまれていそう。ひとつのことを研究したり、学んだりすることによろこびを感じる人。好きなことをつづければ、きっと才能は花ひらくはず。

第4ハウス

自分の考えをしっかりもち、行動力もある人。自分にきびしく、自己管理ができれば、エレガントで魅力的な人になれるはず。でも、自分をあまやかしてすごしてしまうと、だらしない人になってしまうかも。自分に何か課題をもって生きていこう。

第5ハウス

潔癖で現実的なタイプなので、着実で手がたい人生をおくりそう。人生を楽しむすべも知っているけど、楽しみにおぼれてしまうことはないはず。手に職をつければ、仕事が楽しみになるかも。しっかりと自分をみつめて、前をむいて人生を歩んでいこう。

第6ハウス

はなやかにみえて、本当はまじめなタイプ。まだおわっていない仕事などがあれば、気になって遊ぶことができない一面も。目標が高いので、なかなか満足する結果が得られずに悩みそう。ありのままの自分をうけいれれば、もっと自由な人生に。

第7ハウス

幅広い人とつきあっていても、心から打ちとけられる人は少ないというタイプ。いろんな人と知りあおうとするけど、警戒心は強いほうかも。でも、人情にあつく、心をゆるした人とは深い信頼関係をむすべるはず。人生のパートナーの選択は慎重に。

第8ハウス

まじめで一途なところがあるけど、まわりからは軽い人だと誤解されることも。研究熱心で仕事熱心なので、これはと思う仕事に出合ったら打ちこむはず。自分の個性をおさえこまず、信じる道をつきすすめば、人生がひらかれていくことに。

第9ハウス

理想にあこがれつつも、現実をしっかりみつめる力のある人。夢や理想をかなえるには、長くけわしい道のりがあるけど、それをのりこえる力をもっているはず。あせらず、ねばり強くとりくんでいこう。海外に縁が深く、異文化を体験することもありそう。

第10ハウス

とても強い運の持ち主。わかいときからやりたいことが明確で野心的なタイプ。がむしゃらにがんばるのも大事だけど、ときには自分をふりかえってみては？ 仕事をリードしたり、会社をおこしたりして、人の上に立つかも。周囲をまとめて一途にすすもう。

第11ハウス

おだやかそうにみえて、じつは強い意志の持ち主。友だちを尊重しながらも、自分のやりたいことはかならずなしとげる人。年上にかわいがられることもあり、さまざまな人との交流のなかから、運がひらけるかも。伝統的なお稽古事もおすすめ。

第12ハウス

表むきは自由奔放でオープンな人を演じていても、内心では古い道徳観を重視するタイプ。自分でも、そのギャップは意識しているかもしれないけど、どちらも本当のあなた。苦労性で思い悩むところがあるので、楽観的に考えることも必要。

1/20～2/18生まれ みずがめ座の生きかた

第1ハウス

個性の強い人。自分なりの生きかたや哲学があり、それを実行していこうとするはず。我が強いので、変わり者とか、生意気な人などと思われることも。でも、相手を思いやる気持ちをもっているので、自分を理解してもらう努力が必要かも。

第2ハウス

物事を冷静にみているクールなあなた。自分にとって必要か必要でないかを判断するしたたかな面も。表面的な値打ちよりも、自分の価値観を優先するタイプ。常識にとらわれず、人がおどろくようなことにも、自分がなっとくすれば大金をはたくことも。

第3ハウス

頭の回転がはやく、先をみとおす能力もある人。エネルギッシュなタイプで、発想力もゆたか。すぐれたアイデアで人生を切りひらいていくはず。情報に接することで心がみたされるので、チャンスをまつのではなく、積極的に行動してみよう。

第4ハウス

ガンコでさびしがり屋なあなたは、自分のポリシーをなかなかまげない人。たくさんの友だちとつきあうより、なんでも話せる少数の仲間といるほうが、あなたらしさをいかせるかも。家族とぶつかることがあるなら、自分のルーツをみつめてみて。

第5ハウス

創造性にめぐまれ、自分を美しく表現することに興味があるはず。ファッションやグラフィック、カメラなどの分野がむいているかも。自分をアピールすることにもたけているので、演劇などの舞台でも活躍できそう。自分のなかの理想をうまく表現しよう。

第6ハウス

とても繊細で純粋な心の持ち主。デリケートすぎるので、きびしい世の中をわたっていくには苦労することも。自分と世間とのあいだに適度な距離感をたもつようにしよう。芸術の分野に才能があるかも。でも、体があまりじょうぶではないので、無理は禁物。

第7ハウス

自分を表現する能力が高い人。でも、人への配慮もわすれない。バランス感覚をみがけば、グループの中心人物になりそう。目立ちたい気持ちと、やりすぎてしまったという気持ちとのあいだで悩むことも。成長とともにバランスのとれた人になるはず。

第8ハウス

潔癖な人で、独特の感受性の持ち主。理性やはずかしさから、自分の気持ちをおさえこんでしまうことも。礼節をおもんじるあなたの態度は、将来、何かのときに役立つはず。神秘的なことに関心が高いので、その興味をいかす道をさがそう。

第9ハウス

広い視野をもち、クールに物事をとらえる人。まっすぐな性格だけど、がまん強いほうではないかも。好奇心が強く、いろんなものに興味をもち、まわりがおどろくようなかわったものにひかれることも。文化人類学などの学問で成果をあげるかも。

第10ハウス

先をみとおす力のある人。社会性と指導力もかねそなえているので、グループのリーダーになりそう。でも、少し自分勝手な面があり、信念をなかなかまげられないので、柔軟な発想ができるようになろう。ねばり強さが成功へのカギとなりそう。

第11ハウス

個性あふれるパワフルなタイプ。オリジナリティーが何より大事と考えているはず。興味をもったら積極的にかかわっていくので、友だちも多く、情報通な一面も。何かを発明したり、発見したりする能力が高そう。人が注目しないことにヒントがあるかも。

第12ハウス

神秘的な面と合理的な面のふたつの顔をもつタイプ。空想や哲学的な世界にこもりがちなところも。少し腰をすえて現実の物事にかかわるとよいかも。精神世界、文学の分野に才能がありそう。やさしい面があるので、その部分をのばしてみては。

2/19～3/20生まれ
うお座の生きかた

第1ハウス

慎重さと押しの強さをあわせもった人。無理に自分の意見をとおそうとしなくても、いつのまにかとおっていることも。じつは、自分をアピールしたい強い気持ちがあるのかも。神秘的なことに関心が高いので、心理学や占いの世界にすすむ可能性も。

第2ハウス

お金や財産に価値をみいだす人。でも、お金の価値観が人と少しちがっているので、使い道を人におどろかれることも。趣味や芸術に興味があり、高価なアート作品を購入したりしそう。自分の価値観をまげないタイプなので、自信をもってわが道をいこう。

第3ハウス

とっつきにくく、しっかり者の印象をあたえるけど、実際にはユーモア精神にあふれた人。いったん心をゆるせば、どんどん人と仲よくなっていくタイプ。詩や音楽の才能にめぐまれていて、知的能力も高そう。大きな夢をもって生きていこう。

第4ハウス

自由奔放にみえて、じつは心の奥にキズをもつ人。家庭での関係に悩み、何か秘密をかかえていることも。心の痛みを知っているあなたは、人をやさしくいやす能力があるはず。セラピストにむいていて、教育や福祉の分野で活躍するかも。

第5ハウス

純粋で感情ゆたかな人。人生のできごとに真剣にむきあい、大きな感動を得たいと考えているタイプ。でも、実際は、そんな感動を得ることはむずかしいので、あきらめてしまっている部分も。感受性をみがいてまわりをみわたせば、感動的な体験があるはず。

第6ハウス

センスがよく、美しいものを愛する人。そのため、世の中にあるみにくいものや、よごれたものが大の苦手。もう少したくましさを身につけるとよいかも。ファッション、ジュエリー、デザインの世界で才能が発揮できそう。体力をつけることも大事。

第7ハウス

共感する力が強く、人の気持ちがよくわかるタイプ。友だちやパートナーのよろこびや悲しみを自分のことのように感じるはず。でも、相手も自分のように心をひらいてくれているか、つねに心配している面も。もう少し気楽な人間関係をもつのがよいかも。

第8ハウス

深い精神性と、自分を明るく表現する力をかねそなえた人。さびしがり屋なところがあり、人と深くつながっていたいと思っているはず。だれかのために何かしたいと思う献身的な面も。身も心もだれかと一体になることによって満足感が得られそう。

第9ハウス

したしみやすく、あまえん坊なところもあるあなた。美や哲学などを追いもとめる一面も。ロマンチックなタイプで、つねに人といっしょにいたいと思っているはず。出版、旅、海、宇宙などが関心事。優柔不断なところがあるので、人に流されないように。

第10ハウス

柔軟な考えとリーダーシップをもった人。社会で成功したいという思いも強く、あなたの欠点をおぎなってくれるパートナーをさがすことが成功へのカギかも。応用力があるので、変化をのりきる力もありそう。あきっぽい面を克服することも大事。

第11ハウス

たくさんの仲間にめぐまれているあなた。一見、安定した性格で人づきあいもよいので、いろんなタイプの人にかこまれそう。でも、ときには人からの裏切りを感じることも。しずかな生活にあこがれがあるので、プライバシーがまもれる空間を大事にしよう。

第12ハウス

表の顔と裏の顔の二面性がある人。周囲からは強い人と思われているけど、内面は、とてもキズつきやすいナイーブな心の持ち主。超能力的な直感力をもつ人もいそう。ふしぎな現象を体験することも多く、占いやオカルトの分野で才能を発揮しそう。

運命と人生の転機

　西洋占星術によると、宇宙の中心は太陽ではなく、地球となっています。実際には、太陽のまわりを惑星などが周回していますが、占星術では、地球のまわりを周回していると考えます。たとえば、土星はおよそ29.5年をかけて太陽を1周する惑星ですが、占星術では、太陽ではなく地球のまわりを1周するとみるのです。また、こうした惑星の周期を「回帰（リターン）」とよびます。

　惑星の回帰と人生の転機には、ふしぎなつながりがあります。なかでも、地球からはなれた位置にある木星、土星、天王星は、回帰する年に人生の節目となる重要な転機がおとずれるとされます。地球を中心とした宇宙の惑星のおよその公転周期は、下のようになります。

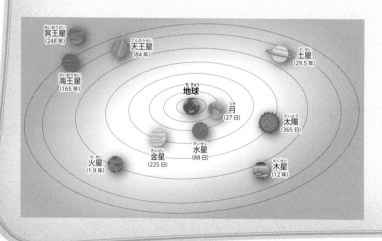

「木星」は拡大と発展の惑星とされ、周期はおよそ12年。つまり、12年に一度、回帰の年がめぐってくることになります。最初の回帰は12歳。小学校を卒業して中学校へ入学するころです。新しい友だちとの出会い、気になる異性などもあらわれるでしょう。2回めは24歳。社会人として本格的な活動がはじまるころです。恋に仕事にと、青春を満喫しているでしょう。3回めは36歳。仕事や育児にいそがしい毎日をおくっているころです。自分の本当にやりたいことをみつめなおす時期かもしれません。4回めは48歳。少しずつ自分の自由度が広がるころです。新しい人生のステージのはじまりの時期かもしれません。5回めは60歳。還暦の年です。人生のひと区切りとなるでしょう。6回めは72歳、7回めは84歳。年齢にみあった楽しみかたができるころです。

「土星」は限界を象徴する惑星とされ、周期はおよそ29.5年。90歳まで生きるとすれば、3回の回帰をむかえることになります。回帰の時期は、人生の試練や壁とぶつかるタイミングとかさなります。最初は29～30歳。結婚、出産、離婚、転職、独立など、その後の人生がさだまるような転機がおとずれるころです。2回めは59～60歳。還暦をむかえ、第二の人生のスタート地点に立つころです。

「天王星」は創造的なチャレンジを象徴する惑星とされ、周期はおよそ84年。人生で2回の回帰をむかえる人はいません。84歳は米寿が近い年齢です。それまでの人生に思いをはせる時期かもしれません。

星座占いQ&A

Q 星座占いは、今と昔では、どうちがうの？

A 現在のような性格診断を中心にした星座占いが誕生したのは、19世紀末のことです。こうした星座占いが一般の人たちに広がったのは、20世紀前半と考えられています。それ以前にも星座占いはありましたが、現在とは星座の性格づけにちがいがみられます。星座占いも、時代の変化とともにかわっているのです。

Q おなじ生年月日の人は、運勢もおなじなの？

A これはこたえるのがむずかしい質問です。占星術が誕生した昔からの課題でもあります。本格的な占星術で占う場合、正確な出生地、出生時間などのこまかい情報をもとにホロスコープをつくります。そのため、原則として、ホロスコープはひとりひとりちがったものになり、運勢もちがってくるといえます。でも、これはひとつの考えであって、ホロスコープは絶対ではなく、あくまで可能性の地図です。ホロスコープにあらわれない要素があるという考えもあります。その人だけの神秘的な要素があるため、ひとりひとりの運勢はちがうという考えです。

Q 好きな人の星座の解説を読んだら、わたしとはちがったタイプの人が好みでした。あきらめたほうがいいの？

A いいえ、あきらめないでください。人はおたがいのたりないところや、気のあうところを知って距離が近づ

いていくものです。どんなに相性がよくても、はじめから完成されたカップルはありません。占いは、相手や自分のことをより深く知り、よりよい関係をきずくためのヒントなのです。

Q 本や雑誌によって、なぜ、自分の星座がかわってしまうの？

A 星座占いは、誕生星座（生まれたときに太陽が位置していた星座）を使った占いです。現代の暦は、太陽の動きをもとにした「太陽暦」を採用しています。月日をみれば、およその太陽の位置がわかるようになっていますが、暦と太陽の動きは完全におなじではありません。少しのズレが生じるので「うるう年」が必要になります。星座と星座の境界に近い誕生日の人は、このようなズレの影響で、本や雑誌によっては星座がかわってしまうことがあります。自分の正確な星座を調べるにはホロスコープをつくる必要があるかもしれません。

Q 占星術は、タロットカード占いなどのほかの占いと、どうちがうの？

A 東洋の占いでは、占いを「命」「卜」「相」の3つに大きくわけています。占星術は、このうちの「命」にあたります。「命」は、生まれたときの星の配置や暦を使った占いで、東洋の占いの「四柱推命」もこれにあたります。「卜」は、サイコロやカードを使った占いで、タロットカード占いやトランプ占いがあてはまります。「相」は、手相や人相などをみる占いです。「命」は運命を知りたいとき、「卜」は何かの判断をしたいとき、「相」は現在を知りたいときに占うのがむいているといわれています。

あとがき

　この本は、以前にだしていた大人むけに書かれた「12星座占い」の本を、子どもでもわかるようにやさしく書き直し、再編集してつくられました。

　言葉づかいこそ少しやさしくなってはいますが、その内容は、本来は大人にも十分使えるようなエッセンスがつめこまれているはずです。

　今では当たり前のように使われている「12星座占い」ですが、自分の誕生日（太陽の位置）だけで判断するこの方法が普及するのは二千数百年の占星術の歴史のなかではごく最近のこと。じつに19世紀末から20世紀なかばにかけてのことです。それまでは詳細な星の配置にもとづく「ホロスコープ」をもちいていたのですが、それはかなりむずかしく、一般の雑誌や本ではとても掲載できないこともあって、このかんたんな方法が普及していきました。

　けれど、このシンプルだからこそ魅力的な「星占い」は、それ自体のよさをもっています。こまかなデータに幻惑されることなく、12星座やその守護星にひめられた神話物語と自分の心の動きをかさねあわせ、自分自身をふりかえる、またとない機会をあたえてくれる一種の心理学として、今では世界中の人に愛されています。

信じる、信じないはこの際、いったん脇においておきましょう。星空の物語に思いをはせ、自分自身のなかに広がる宇宙を感じてもらえることができたら、こんなにうれしいことはありません。
　ぎゃくに約束してほしいのは、この星占いで自分や友だちのことを決めつけ、可能性をせばめないでください、ということ。星はあくまでも希望の示し手です。この本があなたの可能性を広げるお役に立つことを心から祈っています。

鏡リュウジ（かがみ りゅうじ）

心理占星術研究家・翻訳家。国際基督教大学卒業。同大学大学院修士課程修了。英国占星術協会会員。日本トランスパーソナル学会理事。平安女学院大学客員教授、京都文教大学客員教授。著書に『ハッピーになれる バースデー占い』（金の星社）、『鏡リュウジ 誕生日バイブル』（ヴィレッジブックス）、『はじめての占星術』（ホーム社〈集英社〉）、『鏡リュウジの12星座占い』（説話社）など多数ある。

- ★ 編集・DTP　　ONESTEP
- ★ デザイン　　　VolumeZone
- ★ カバーイラスト　市井あさ
- ★ 本文イラスト　らうん、市井あさ

ハッピーになれる星座占い（せいざうらない）

初版発行　2016年9月

著　者　鏡リュウジ
発行所　株式会社 金の星社
　　　　〒111-0056　東京都台東区小島1-4-3
　　　　電話　03-3861-1861（代表）
　　　　FAX　03-3861-1507
　　　　振替　00100-0-64678
　　　　ホームページ　http://www.kinnohoshi.co.jp

印　刷　広研印刷株式会社
製　本　東京美術紙工

NDC148　144p.　18.5cm　ISBN978-4-323-07368-2
©Ryuji Kagami, ONESTEP inc. 2016
Published by KIN-NO-HOSHI SHA, Tokyo, Japan.

乱丁落丁本は、ご面倒ですが、小社販売部宛にご送付下さい。
送料小社負担にてお取替えいたします。

JCOPY　出版者著作権管理機構　委託出版物

本書の無断複写は著作権法上での例外を除き禁じられています。複写される場合は、そのつど事前に出版者著作権管理機構（電話 03-3513-6969、FAX 03-3513-6979、e-mail: info@jcopy.or.jp）の許諾を得てください。
※本書を代行業者等の第三者に依頼してスキャンやデジタル化することは、たとえ個人や家庭内での利用でも著作権法違反です。